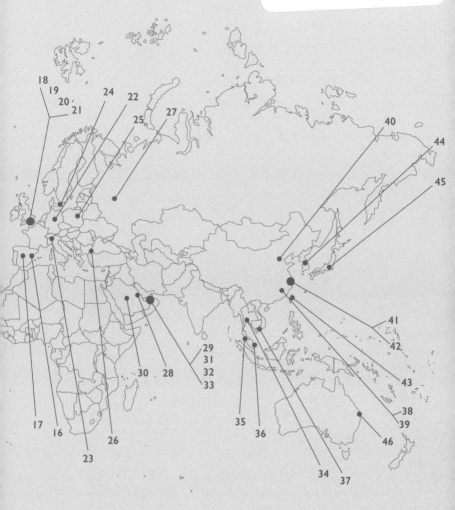

18
19
20
21
24
22
25
27
40
44
45

17
16
23
26
30
28
29
31
32
33
35
36
34
37
46

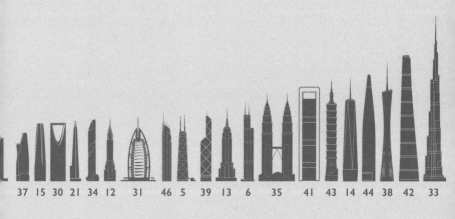

37 15 30 21 34 12 31 46 5 39 13 6 35 41 43 14 44 38 42 33

HOW TO BUILD A
SKYSCRAPER

JOHN HILL

일러두기

• 외래어는 국립국어원의 표기법을 따르되 원서 기준으로 병기했다. 단 일본 인명은 일본식으로 표기했다.
• 건축 용어는 외래어표기법과 국내에서 통용되는 용어를 절충해 실용적 표기를 따랐다.
• 건축물, 기관, 학회, 학교명은 띄어 쓰지 않고 붙여 썼다.
• 원서와 달리 용어 해설과 찾아보기에 옮긴이 주를 추가했다.
• 앞 면지에 실린 빌딩은 각 이미지에 표시된 번호순으로 본문에서 확인할 수 있다.

세계 초고층 빌딩
HOW TO BUILD A SKYSCRAPER

2018년 1월 8일 초판 발행 ○ 지은이 존 힐 ○ 옮긴이 배상규 ○ 펴낸이 김옥철 ○ 주간 문지숙
편집 오혜진 ○ 편집 도움 우하경 ○ 표지 디자인 미셸 로랜드슨 ○ 본문 디자인 브리오니 하틀리
한국어판 디자인 안마노 ○ 마케팅 김헌준 이지은 강소현 ○ 펴낸곳 (주)안그라픽스 우100881 경기도
파주시 회동길 125-15 ○ 전화 031.955.7766 (편집) 031.955.7755 (마케팅) ○ 팩스 031.955.7744
이메일 agdesign@ag.co.kr ○ 웹사이트 www.agbook.co.kr ○ 등록번호 제2-236(1975.7.7)

HOW TO BUILD A SKYSCRAPER by John Hill
Copyright © 2017 Quarto Publishing plc
All rights reserved.
Korean translation rights © 2017 by Ahn Graphics Ltd,
Korean translation rights arranged with RotoVision SA through AMO Agency, Korea.

이 책의 한국어판 출판권은 AMO 에이전시를 통해 저작권자와 독점 계약한 (주)안그라픽스에 있습니다.
저작권법에 따라 한국 내에서 보호를 받는 저작물이므로 무단 전재와 무단 복제를 금합니다.
정가는 뒤표지에 있습니다. 잘못된 책은 구입하신 곳에서 교환해 드립니다.

이 책의 국립중앙도서관 출판예정도서목록(CIP)은 서지정보유통지원시스템 홈페이지
(seoji.nl.go.kr)와 국가자료공동목록시스템(www.nl.go.kr/kolisnet)에서 이용하실 수 있습니다.
CIP제어번호: CIP2017025762

ISBN 978.89.7059.926.7 (03610)

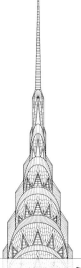

세계 초고층 빌딩
HOW TO BUILD A SKYSCRAPER

존 힐 지음 | 배상규 옮김

안그라픽스

CONTENTS

도시, 상징을 짓다

고층 빌딩들은 왜 똑같이 생기지 않았을까? 이 엉뚱하고 터무니없는 질문의 이면에는 나름의 논리가 숨어 있다. 고층 빌딩은 대개 도심에 있는 값비싼 대지의 가치를 극대화하려고 짓기 때문에 건축주는 건물이 높을수록 많은 수익을 올린다. 구조 엔지니어는 더 높은 건물을 짓기 위해 최소한의 재료로 최대한의 공간을 만들어내는 것을 목표로 삼는다. 그리고 거주자가 안정적으로 생활하도록 건물이 지반에 하중을 전달하고 바람을 견딜 수 있게 설계한다. 건축가는 건물의 파사드fa-çade에 가장 강렬한 표정을 부여하지만, 설계할 때는 자신이 연원을 두는 특정 시대의 건축 양식 안에서 작업한다. 건축주와 구조 엔지니어 그리고 건축가, 이 세 주체가 제 몫을 다하면 건물은 높고 아름다우며 효율적인 구조를 갖추게 된다.

그렇지만 이 책에서 선정한 건물에서도 알 수 있듯이 우리 주변에는 비슷비슷한 고층 빌딩이 많다. 20세기 중반 미국이나 21세기 중국의 상자형 오피스 빌딩처럼 틀로 찍어낸 듯한 건물을 보면 고층 빌딩에도 다양성이 필요하다는 점을 알 수 있다. 고층 빌딩을 특색 있게 지으려면 자연, 경제성, 기술, 심미성이라는 네 가지 요소를 고려해야 한다.

자연이란 널리 보면 건물에 작용하는 모든 외력을 좌우하는 요인이다. 특히 고층 빌딩은 높이 때문에 다른 건물보다 자연에서 발생하는 강한 외력에 더 취약하다. 모든 고층 빌딩은 물리적인 장소에 터전을 잡으며, 각 장소는 저마다 기후, 토질, 풍향, 지진 가능성 등에서 차이를 보인다. 그리고 이런 측면이 고층 건물의 설계, 구조, 시공 과정에 영향을 미친다.

자연도 중요하지만, 고층 건물을 지을 때는 반드시 경제성을 따져야 한다. 대지에는 그에 걸맞은 경제적인 건물 규모가 있기 마련이다. 건물을 너무 낮게 지으면 투자비조차 회수하지 못하고, 반대로 너무 높게 지으면 초기 투자비가 많이 들거나 수년간 공실이 발생할 우려가 있다. 건물은 구체적인 용도를 정하고 적절한 규모로 지어야 예상 수요에 부합한다.

건물의 높이는 그 시대에 사용 가능한 기술에 영향을 받는다. 엘리베이터가 등장하면서 건물은 사람이 계단으로 오르내릴 만한 높이보다 높아졌다. 또 철골이 육중한 외부 내력벽이 수행하던 구조체의 역할을 넘겨받았다. 컴퓨터의 발달로 고층 빌딩 건설이 수월해졌으며, 고강도 콘크리트와 같은 재료가 등장하면서 건물을 다양한 형태로 짓는 일이 가능해졌다.

마지막으로 고층 건물은 높이와 형태, 외피가 한데 어우러진 모습, 다시 말해 심미성을 바탕으로 공용 공간과 도시의 스카이라인에 존재한다는 점을 간과하지 말아야 한다. 건축주는 세입자를 끌어들이기 위해 독특한 건물을 원하지만, 건축가는 아름다우면서도 오래도록 존속하는 유산을 짓고자 노력한다. 기존 설계를 그대로 답습해서는 이 목표를 결코 이룰 수 없다.

이 책 『세계 초고층 빌딩』에서는 46채의 초고층 빌딩이 어떻게 지금의 형태를 갖추게 되었는지 그 배경과 이유를 소개하고 있다. 지난 100여 년에 걸친 변천사에 따라 서양에서 동양 순으로 정리했다. 각 건물은 대지의 특정 환경이 낳은 산물이다. 지금부터 그 성과 뒤에 숨겨진 이야기를 풀어보겠다.

트랜스아메리카피라미드
TRANSAMERICA PYRAMID

미국 캘리포니아주 샌프란시스코 • 1972년 • 260m • 48층 • 업무 시설
소유주/개발자 트랜스아메리카코퍼레이션(네덜란드 보험사 아혼AEGON의
미국 내 자회사) • **건축가** 윌리엄 L. 페레이라앤드어소시에이츠William L. Pereira & Associates
구조 설계 친앤드헨솔트Chin & Hensolt • **특징** 2017년 세일즈포스타워Salesforce Tower가
완공되기 전까지 샌프란시스코에서 가장 높은 건물

피라미드형

이집트 피라미드는 세상에서 가장 유서 깊고 인상적인 건축물 중 하나이지만, 현대 고층 건물이 피라미드처럼 뾰족한 형태를 채택한 경우는 좀처럼 보기 어렵다. 트랜스아메리카코퍼레이션의 최고 경영자 존 베케트John Beckette와 건축가 윌리엄 페레이라가 피라미드형 건물을 택한 데에는 몇 가지 이유가 있다. 우선 건물을 피라미드형으로 지으면 건물이 드리우는 그늘이 줄어 거리에 햇볕이 잘 든다. 또한 건물 높이와 바닥 면적 사이 비율을 규정한 샌프란시스코의 건축 법규에도 적합했다. 게다가 도시의 스카이라인에 독특한 윤곽을 남기기 때문에 인지도가 낮은 회사가 유명 보험 회사로 탈바꿈하는 과정에도 보탬이 되었다.

반발

샌프란시스코는 히피의 집단 거주지였던 헤이트애시베리Haight Ashbury가 있는 곳이자 여러 성적 소수자의 본고장이어서 미국에서도 진보적인 도시로 손꼽히지만, 건축에서만큼은 무척 보수적인 곳이다. 1969년 트랜스아메리카피라미드의 설계안이 대중에게 공개되고 착공하는 순간부터 베케트와 페레이라는 반대 여론에 부딪혔다. 시사주간지 《뉴스위크》는 한 기사에서 트랜스아메리카피라미드를 "어느 도시에도 어울리지 않는 건물"이라고 폄하했으며 반대론자들은 공사를 중단시키고자 했다. 하지만 3년 뒤 건물이 완공되자 트랜스아메리카피라미드는 트랜스아메리카코퍼레이션이라는 회사는 물론이고 샌프란시스코의 상징으로 거듭났다. 트랜스아메리카코퍼레이션은 1989년에 본사를 이전했지만 지금도 트랜스아메리카피라미드를 형상화한 회사 로고를 고수하고 있다.

건물 상층부는 장식용 알루미늄 첨탑과 위로 갈수록 좁아지는 측면 밖으로 뻗어 나온 코어core의 일부가 합쳐져 독특한 형태를 이룬다.

시공 및 구조

구조

샌프란시스코는 지질 활동이 활발한 곳이지만, 이 건물은 피라미드 형태 덕분에 무게 중심이 낮아서 구조가 안정적이다. 트랜스아메리카피라미드는 도시의 다른 고층 건물들처럼 진도 8.3의 지진을 견디도록 설계되었다. 정사각형인 건물 하부에는 횡력과 비틀림에 안정적으로 대처하기 위한 구조체가 확연히 드러난다. 이 구조체는 3층 높이의 이등변 사면체 20개로 이뤄졌으며 네 면의 아케이드를 둘러싼다. 그 위는 경사진 철골 외부 프레임과 17층에 이르는 내부 프레임 4개, 45층에 이르는 내부 프레임 2개, 콘크리트 슬래브slab로 이뤄져 있다. 지하는 총 3개 층이며, 전체 건물은 2.75m 두께의 철근콘크리트 기초에 앉아 있는데, 이 기초부는 콘크리트를 24시간 내내 타설한 것으로 유명하다. 트랜스아메리카피라미드의 구조 성능이 시험대에 오른 것은 1989년 진도 7.1을 기록한 로마 프리에타Loma Prieta 지진이 일어났을 때였다. 지진이 일어났을 때 트랜스아메리카피라미드는 약 1분 동안 최대 30cm까지 흔들렸지만 아무런 손상 없이 버텼다.

외관

트랜스아메리카피라미드의 수수한 파사드는 흰색 석영으로 마감한 프리캐스트 콘크리트 precast concrete 판재로 덮여 있다. 이 판재는 건물이 좌우로 움직여도 지장이 없도록 보강되어 있으며, 6층에서부터 회의실이 있는 48층 사이에 설치된 창문 3,678개를 구획한다. 건물 외관이 피라미드형이다 보니 창문 청소용 밧줄을 타고 외벽을 내려오기가 쉽지 않아서, 창문은 건물 내부에서도 청소할 수 있도록 회전형으로 설치되었다. 건물 양쪽에는 29층부터 꼭대기 층에 걸쳐 '날개'가 돌출되어 있으며, 동쪽 날개에는 엘리베이터가, 서쪽 날개에는 계단실과 배연탑이 있다. 양쪽 날개 윗부분에는 장식용 알루미늄 첨탑이 놓였다. 높이가 64.6m에 달해 20층 건물에 맞먹는 이 첨탑은 건물의 피라미드 형태를 훌륭하게 구현한다.

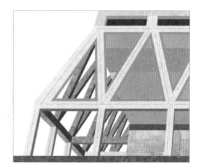

위로 갈수록 좁아지는 이 건물은 최하층부가 돌출되어 있다. 돌출부에 시공한 3층 높이의 보강 구조체는 지진이 일어났을 때 건물을 안정적으로 지탱한다.

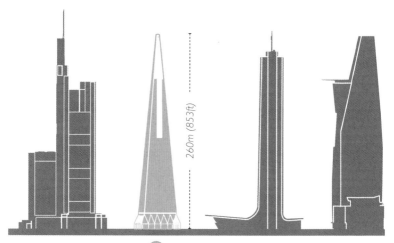

260m (853ft)

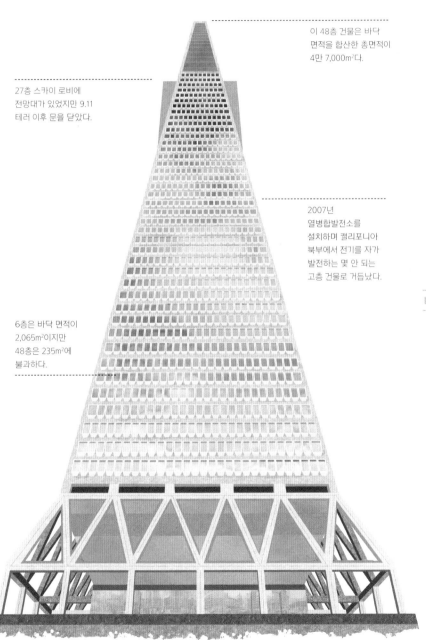

이 48층 건물은 바닥 면적을 합산한 총면적이 4만 7,000m²다.

27층 스카이 로비에 전망대가 있었지만 9.11 테러 이후 문을 닫았다.

2007년 열병합발전소를 설치하며 캘리포니아 북부에서 전기를 자가 발전하는 몇 안 되는 고층 건물로 거듭났다.

6층은 바닥 면적이 2,065m²이지만 48층은 235m²에 불과하다.

레이니어타워
RAINIER TOWER

미국 워싱턴주 시애틀 • 1977년 • 157m • 31층(기단부 제외) • 업무 시설
소유주/개발자 레이니어뱅크Rainier Bank, 유니코프로퍼티Unico Properties
건축가 미노루야마사키어소시에이츠Minoru Yamasaki Associates, NBBJ
구조 설계 스킬링Skilling, 헬레Helle, 크리스티안센Christiansen, 로버트슨Robertson
특징 아래로 좁아지는 기단부 모양이 비버가 나무 하단을 갉아 놓은 모양과 닮아서
'비버 빌딩'이라고도 불리며 기단부까지 합친 건물의 총 높이는 42층

야마사키 미노루

일본계 미국 건축가 야마사키 미노루山崎實가 지은 대표작들은 예기치 못한 상황에서 파괴되었다. 세인트루이스Saint Louis에 지은 집합주거단지 프루이트아이고Pruit-Igoe는 1956년에 완공되었지만 범죄가 들끓어 14년 만에 철거되었다. 그리고 뉴욕에 지은 쌍둥이빌딩Twin Tower은 9.11 테러 당시 테러리스트가 탈취한 비행기와 충돌했다. 이 사고로 건물에 있던 사람 2,600명 이상이 목숨을 잃었고, 미노루의 가장 유명한 작품이 파괴되었다. 그는 쌍둥이빌딩이 완공된 1973년 전후로 여러 고층 건물을 설계했는데, 자신의 고향 시애틀에 지은 레이니어타워가 그중 하나다. 이 건물에는 세로줄 무늬가 돋보이는 건축가 특유의 모더니즘 양식이 드러난다.

시애틀 시내

레이니어타워는 미노루가 시애틀 시내에 설계한 건물 중 두 번째로 높다. 1964년 그는 20층짜리 IBM 사옥을 완공했는데, 당시 선보인 줄무늬형 외벽과 열주colonnade는 그가 10년 뒤 뉴욕 경제의 중심지인 로어맨해튼Lower Manhattan에 지은 쌍둥이빌딩에서도 나타난다. 레이니어타워는 1972년 두 건축주가 의뢰한 건물이며 IBM 사옥의 대각선 방향에 세워졌다. 두 건축주 중 하나는 앞서 야마사키 미노루에게 IBM 사옥을 의뢰했던 유니코프로퍼티고, 다른 하나는 훗날 레이니어뱅크로 상호를 바꾼 미국상업은행National Bank of Commerce이었다. 미노루는 레이니어뱅크가 소유한 다른 대지에 기본 설계 작업을 진행하기도 했다.

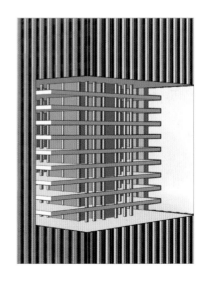

레이티어타워는 아래로 좁아지는 기단부 때문에 철근콘크리트조처럼 보이지만 실은 건물 코어를 철골조로 시공했다.

시공 및 구조

파사드

야마사키 미노루가 시애틀 시내에 지은 두 고층 건물은 정사각형 기단부와 세로줄 무늬형 외피를 채택했다는 점에서 뚜렷한 유사성을 보인다. 정사각형 기단부는 건물 코어 주변에 업무 공간을 합리적으로 배치하는 과정에서 나왔지만, 세로줄 무늬형 외피는 건축가가 유리로 뒤덮인 건물을 그리 좋아하지 않는 데에서 비롯되었다. 미노루는 유리로 뒤덮인 건물의 경우, 가로 방향의 판재와 기둥 덮개를 제외하면 전체 파사드의 약 60%가 창문에 할당된다고 지적했다. 그는 이 비율을 30%로 잡아 창밖을 안정적으로 내다볼 수 있는 창구가 되도록 만들었다. 이 비율을 낮출 수 있었던 건 좁은 수직 패널을 사용했기 때문이며 이 판재는 건물의 수직성을 강조하는 역할도 한다. 레이니어타워의 파사드는 유리와 알루미늄 판재로 마감했으며, 폭이 넓은 것과 좁은 것을 교대로 시공했다.

기단부

레이니어타워가 그저 알루미늄 줄무늬 외장재로 마감한 29층짜리 오피스 빌딩에 그쳤다면 건물의 존재는 대중의 기억에서 쉽게 잊혔을 것이다. 야마사키 미노루는 대지에 개방 공간을 최대한 확보한다는 목표(지붕에 조경 시설을 갖춘 저층부 상업 시설을 포함하면 75%)를 달성하기 위해 업무 시설을 11층 높이의 곡선형 콘크리트 기단부 위에 얹었다. 덕분에 업무 시설이 주변 건물보다 높은 곳에 있어서 엘리엇베이Elliott Bay를 조망할 수 있게 되었다. 두꺼운 기단부의 콘크

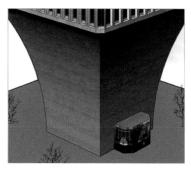

두꺼운 콘크리트 기단부는 타일로 마감되었다.

리트 벽체는 건물 위쪽 외곽부 철골 프레임을 지탱한다. 이 프레임은 규모가 건물 한 채 크기에 맞먹는 비렌딜 트러스vierendeel truss와 똑같은 역할을 한다. 레이니어타워는 얼핏 보면 비버가 반쯤 갉아놓은 나무처럼 구조가 불안정해 보이지만 구조 설계를 맡았던 엔지니어들(현 매그누손클레멘틱어소시에이츠Magnusson Klementic Associates)은 레이니어타워가 이제껏 지구상에 지은 건물 가운데 내진 설계가 가장 잘 된 건물이라고 자부했다. 시애틀은 지진이 잦기 때문에 내진 설계가 무척 중요하다.

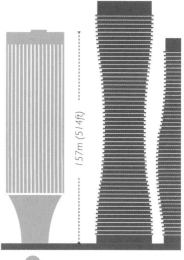

157m (514ft)

NORTH AMERICA

14

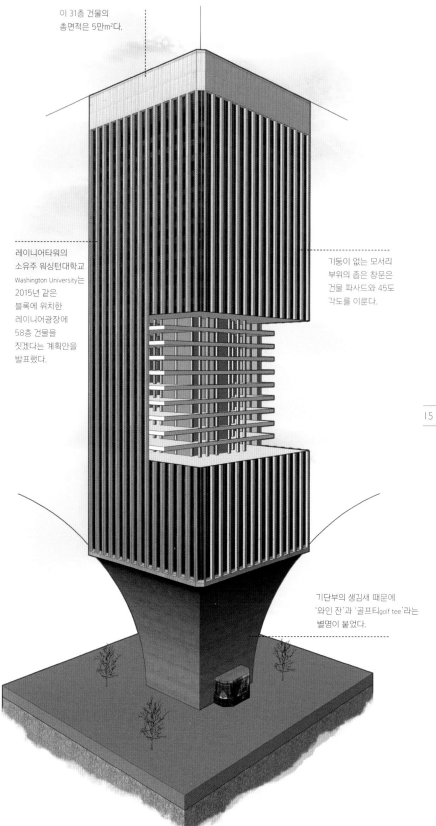

이 31층 건물의
총면적은 5만m²다.

레이니어타워의
소유주 워싱턴대학교
Washington University는
2015년 같은
블록에 위치한
레이니어광장에
58층 건물을
짓겠다는 계획안을
발표했다.

기둥이 없는 모서리
부위의 좁은 창문은
건물 파사드와 45도
각도를 이룬다.

기단부의 생김새 때문에
'와인 잔'과 '골프티golf tee'라는
별명이 붙었다.

파운틴플레이스
FOUNTAIN PLACE

미국 텍사스주 댈러스 • 1986년 • 220m • 60층 • 업무 시설
소유주/개발자 고다드인베스트먼트그룹Goddard Investment Group ; 크리스웰디벨로프먼트
Criswell Development, 캠포코포레이션Campeau Coporation • **건축가** 아이엠페이앤드파트너스
I.M.Pei & Partners, 아키텍처럴컨설팅서비시즈Architectural Consulting Services Inc.
구조 설계 CBM엔지니어스 • **특징** 쌍둥이 빌딩으로 지을 예정이었지만 두 번째 건물은
건립이 무산됨. 2011년 텍사스건축가협회로부터 25년상25-Year Award 수상

대지의 역사

1980년대 초기 댈러스의 부동산 개발업체들은 시내 북서부 가장자리에 위치한 2만 3,000m² 대지에 세 단계에 걸쳐 건물을 세울 계획이었다. 파운틴플레이스의 전신인 얼라이드뱅크타워Allied Bank Tower는 그 계획안에 따라 건설된 첫 번째 건물이었다. 두 번째 건물은 첫 번째 건물의 60층짜리 쌍둥이 빌딩으로 짓고, 세 번째 건물은 객실이 300개 딸린 호텔로 지을 예정이었다. 얼라이드뱅크타워가 완공되던 1986년, 댈러스에 경제 불황이 닥쳤다. 결국 타워는 대지에 홀로 건립되었다. 하지만 완공된 순간부터 댈러스의 랜드마크로 자리 잡았다. 얼라이드뱅크타워는 2014년까지 소유주가 수차례 바뀌다가, 조경가인 댄 카일리Dan Kiley가 바닥에 수백 개의 음악 분수를 넣어 설계한 유명한 광장 덕분에 지금의 이름을 얻었다.

헨리 콥

얼라이드뱅크타워는 아이엠페이앤드파트너스(현 페이콥프리드앤드파트너스Pei Cobb Freed & Partners) 소속의 건축가 헨리 콥Henry Cobb이 1970–1980년대 설계한 세 오피스 빌딩 중 하나다. 헨리 콥은 일반적인 상자형 건물은 '균질한' 인상을 준다며 세 건물을 모두 상자형에서 벗어난 형태로 지었다. 첫 번째 건물은 다이아몬드형, 두 번째 건물은 삼각형, 세 번째 얼라이드뱅크타워는 다면체를 조합한 형태를 채택했다.

건물 형태

기하학적으로 구획한 이 건물은 크게 네 가지 형태로 이뤄진다. 건물 하층부에 직육면체가, 중층부에 직각 사면체 두 개가 붙은 마름모꼴 육면체가, 상층부에는 삼각 다면체가 보인다. 헨리 콥은 전체적으로 십면체를 이루는 이 건물을 직육면체를 깎아내는 방식으로 형상화했다. 그는 사각 평면을 비행경로에 관한 건축법이 허용하는 선까지 최대한 뽑아 올린 뒤 이를 똑바로 혹은 비스듬히 잘라냈다. 덩어리를 잘라낸 효과는 1층에서 가장 또렷하다. 덕분에 광장은 4층 높이의 개구부를 통해 건물 아래로 유입되며, 로비로 이어지는 진입로가 된다.

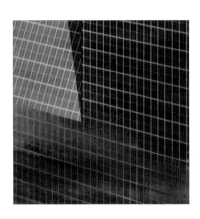

건물은 창문 6,500개를 구성하는
판유리 2만 4,000장에 둘러싸여 있다.

시공 및 구조

파사드

헨리 콥은 평면이야말로 기하학적 형태로 완벽하다고 생각했기 때문에 파사드를 완전히 평평하면서도 견고해 보이도록 만들고자 했다. 이를 위해 커튼월에 사용할 재료로 빛을 반사하는 녹색 유리를 채택했다. 창문 6,500개 안쪽에 은색 샛기둥mullion을 대고, 바깥쪽에 구조용 실란트를 시공해 설치했다. 실란트는 시공 길이만 4만 6,450m²에 달해 당시 기준으로 실란트를 이용해 설치한 커튼월 공사 중에서 가장 큰 규모였다.

의 용접한 철골재와 용접한 삼각 해트 트러스hat truss를 시공해 비틀림 응력에 대비했다. 이로써 건물 내부 구조를 보강할 필요 없이 저층부에 있는 기둥 8개만으로도 건물 자체의 무게를 지탱할 수 있었다. 이런 과정을 통해 확보한 공간에는 건물 이름을 딴 분수대를 추가로 설치했다.

구조

구조를 겉으로 드러내면 기하학적으로 완벽한 형태를 구현하려는 의도와 상충하기 때문에 건물을 지탱하는 철골 1만 7,690톤이 파사드 뒤에 있도록 시공했다. 놀랍게도 5층까지 시공하는 데 들어간 철골의 무게가 전체 철골 무게의 절반을 넘었다. 5층부터 44층까지는 초대형 구조물 건축에 사용하는 메가트러스megatruss 공법을 썼다. 메가트러스를 만들면서 사용한 부재는 기둥재와 7.5층 높이의 대각선재, 전체 바닥을 이루며 트러스 보의 수평 부재로도 쓰이는 비렌딜 트러스vierendeel truss였다. 상층부에는 8층 높이

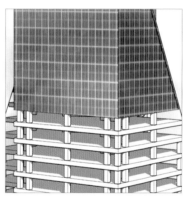

건물의 형태가 위로 갈수록 좁아지기 때문에 층별 공사 기간은 한 주에서 하루까지 다양했다.

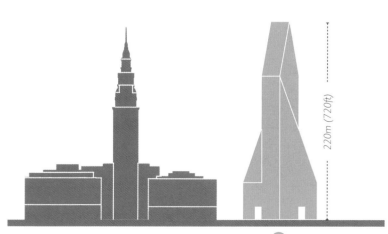

220m (720ft)

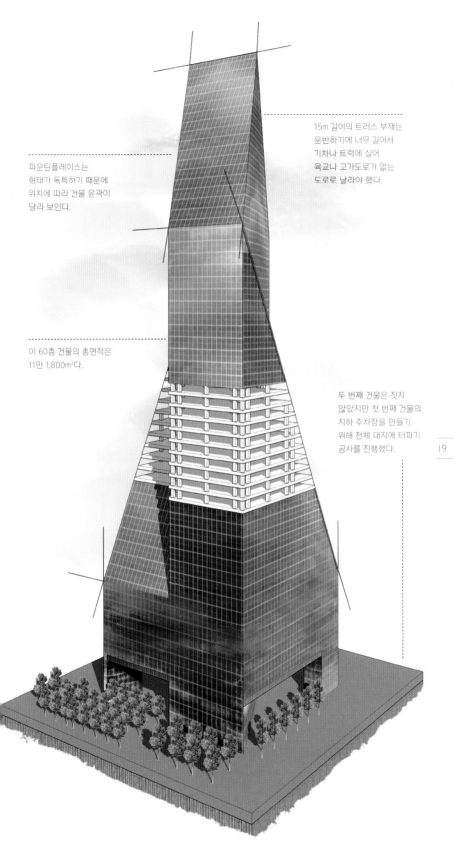

파운틴플레이스는
형태가 독특하기 때문에
위치에 따라 건물 윤곽이
달라 보인다.

15m 길이의 트러스 부재는
운반하기에 너무 길어서
기차나 트럭에 실어
육교나 고가도로가 없는
도로로 날라야 했다.

이 60층 건물의 총면적은
11만 1,800m²다.

두 번째 건물은 짓지
않았지만 첫 번째 건물의
지하 주차장을 만들기
위해 전체 대지에 터파기
공사를 진행했다.

트리뷴타워
TRIBUNE TOWER

미국 일리노이주 시카고 • 1925년 • 141m • 34층 • 업무 시설
소유주/개발자 CIM그룹, 골럽앤드컴퍼니Golub &Company, 트리뷴미디어Tribune Media,
트리뷴퍼블리싱Tribune Publishing • **건축가** 레이몬드 후드Raymond Hood, 존 미드 하웰스
John Mead Howells • **구조 설계** 헨리 J 버트Henry J.Burt • **특징** 1847년에 창간한
일간신문《시카고트리뷴》의 여덟 번째 사옥

역사적 배경

1920년대 《시카고트리뷴》은 경영 실적이 훌륭했고 판매 부수와 광고 수주량이 두 배로 늘었다. 세기 전환기에 시카고의 중심 업무 지구인 루프Loop에 차린 기존 사옥은 사업 규모를 감당하지 못했다. 《시카고트리뷴》은 거리가 제법 떨어진 곳에 새 사옥을 짓고자 대지를 물색했다. 그리고 시카고강 북쪽 미시간 거리에 있는 대지를 사들였다. 그곳은 이듬해 루프 지구와 2층 다리로 연결될 예정이었다. 《시카고트리뷴》은 즉시 대지 동쪽에 인쇄소 건물을 지었고, 그 왼쪽은 설계 공모를 통해 오피스 빌딩을 지을 심산으로 그대로 남겨 놓았다.

설계 공모전

당시 《시카고트리뷴》을 이끌던 두 편집자 로버트 맥코믹Robert McCormick과 조지프 패터슨Joseph Patterson은 설계 공모전을 열자는 아이디어를 내고 자사 신문의 지역판, 국내판, 유럽판에 그 내용을 싣기로 했다. 그리고 1922년 6월 공모전 소식을 알렸는데, 이때는 공교롭게도 회사 창립 75주년 기념일이 있는 달이었다. 공모전에 걸린 총 상금은 유례 없는 규모인 10만 달러였고 우승 상금은 5만 달러였다. 마감일은 11월 1일이었지만 해외 건축가들에게는 기한을 30일 더 연장해줬다. 세 대륙에서 응모작 263건이 도착했다. 그중 핀란드 건축가 엘리엘 사리넨Eliel Saarinen이 설계한 응모작이 화두에 올랐다. 심사위원 다섯 명 중에서 유일하게 건축가였던 알프레드 그레인저Alfred Granger는 엘리엘 사리넨의 작품을 가장 좋게 평가했지만 로버트 맥코믹과 조지프 패터슨을 포함한 《시카고트리뷴》소속의 네 심사위원은 이미 다른 작품을 점찍어 놓은 상태였다. 결국 사리넨의 원대한 설계안은 준우승에 머물렀다.

로버트 맥코믹과 조지프 패터슨의 사무실은 최상층에 위치한다. 계단을 타고 오르면 네오고딕 양식의 플라잉 버트레스flying buttress 뒤로 지붕 테라스가 나온다.

시공 및 구조

과거로의 회귀

엘리엘 사리넨의 응모작이 도착한 다음날, 로버트 맥코믹은 레이몬드 후드와 존 미드 하웰스에게 당선 소식을 전했다. 다른 경쟁작들이 앞으로 고층 건물이 나아가야 할 길을 제시하며 선구적인 선택을 했다면, 《시카고 트리뷴》은 정반대였다. 그들은 건축 양식상의 후퇴를 선택했다. 철골 구조를 채택하기는 했지만 외관을 화려한 석조로 장식하고 특히나 플라잉 버트레스로 팔각형 왕관을 감싼 모습이 프랑스 고딕 성당과 비슷해 보였다.

베를린장벽, 만리장성, 쿠푸왕 피라미드와 같은 세계적으로 유명한 건축물의 조각을 건물 북측의 석회암 파사드 하부에 끼워 놓았다.

기초 공사

《시카고트리뷴》은 일간지를 발행하는 회사인 만큼 사옥 건설 때문에 인쇄소 운영이 차질을 빚는 일은 없어야 했다. 회사는 새 사옥이 완공되는 1925년까지 인쇄소를 운영한 뒤 증축해서 새 사옥과 연결할 계획이었다. 인쇄소 증축 부위가 사옥의 기초와 맞물리는 바람에 두 건물을 연결하는 공사는 쉽지 않았다. 땅속 36.5m에 사옥을 받치는 케이슨caisson을 묻고, 증축부 아래로 큰 보와 케이슨을 추가 설치해야 했다. 작업자들은 간간이 센서를 확인하며 지반이 침하해 인쇄기가 뒤틀리지 않는지 살폈다.

설계 변경

이미 철골 자재를 발주하고 건물 기초부 위로 구조용 철골을 세우기 시작한 상태였지만 회사 경영진은 건물을 더 높이 짓기로 했다. 건축가들과 상의해 건물 중간에 4개 층을 더 넣어 건물을 17m 높이기로 한 것이다. 트리뷴타워는 철골조에 인디애나 석회암을 붙여놓아서 덩어리를 깎은 듯 육중해 보였는데, 여기에 4개 층을 추가하자 건물의 수직성이 더욱 뚜렷해졌다. 설계 공모전을 치른 지 한 세기가 지난 지금, 트리뷴타워는 사옥을 의뢰했던 사람들이 바라던 대로 전 세계가 알아주는 상징적인 건축물이 되었다.

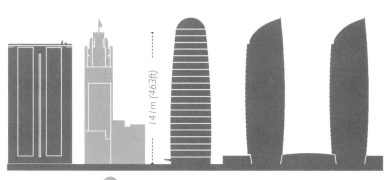

141m (463ft)

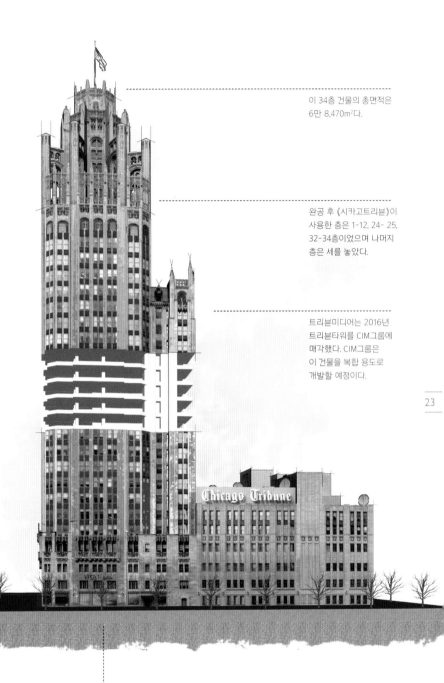

이 34층 건물의 총면적은
6만 8,470m²다.

완공 후 《시카고트리뷴》이
사용한 층은 1-12, 24- 25,
32-34층이었으며 나머지
층은 세를 놓았다.

트리뷴미디어는 2016년
트리뷴타워를 CIM그룹에
매각했다. CIM그룹은
이 건물을 복합 용도로
개발할 예정이다.

트리뷴타워를 시공하면서 파낸
토사량은 2만 2,900m³였고 기초 공사에
사용한 케이슨은 지름이 1.2-2.9m였다.

존핸콕센터
JOHN HANCOCK CENTER

미국 일리노이주 시카고 • 1969년 • 344m • 100층 • 주거 시설, 업무 시설
소유주/개발자 헌컴퍼니Hearn Company, 제리울먼어소시에이츠Jerry Wolman Associates
건축가 SOM Skidmore, Owings & Merrill • **구조 설계** SOM • **특징** 완공 후 빅 존Big John이라는
애칭이 붙었으며, 트러스 튜브trussed-tube 구조 혹은 가새 튜브braced-tube 구조를
세계에서 가장 먼저 사용한 건물

역사적 배경

시카고는 1884년 당시 세계에서 가장 높은 건물인 10층짜리 홈인슈어런스빌딩Home Insurance Building을 지은 곳이어서 고층 건물의 요람으로 불린다. 윌리엄 르바론 제니William Lebaron Jenny가 설계한 홈인슈어런스빌딩은 세계 최초로 외부에 내력벽을 세우지 않고 철골 구조로 지은 건물이다. 철골 구조 공법은 시카고에서 점점 발전하여 34층 높이의 트리뷴타워(20쪽)와 같은 유명 건축물을 세우는 발판이 되었다. 하지만 트리뷴타워가 1925년에 완공된 뒤로 시카고시는 건물 높이를 사실상 20층으로 제한했다. 높이 제한 조례는 1950년대 중반 무렵에 해제되었고 그때부터 바람의 도시 시카고에는 고층 건물이 다시 솟아올랐다.

복합 용도

시카고의 고층 건물은 루프 지구 안팎에 몰려 있었지만 부동산 개발업자 제리 울먼은 루프 지구로부터 북쪽으로 1.6km 떨어진 노스미시건North Michigan 거리에 하나는 주거용, 다른 하나는 사무용으로 고층 건물 두 채를 올리고자 했다. 1964년 울먼은 구상안을 들고 SOM를 찾아갔다. 건축가 브루스 그레이엄Bruce Graham은 두 채의 건물을 (1871년 발생한 시카고 대화재Great Fire를 견딘 것으로 유명한) 워터타워Water Tower와 두어 블록 떨어진 곳에 한 블록을 거의 다 차지하도록 짓자고 제안했다. 그러다 제리 울먼이 파산했고, 1967년 존핸콕뮤추얼생명보험사John Hancock Mutual Life Insurance Company가 그의 구상안을 넘겨받았다.

지붕 층에는 기계 설비, 방송 설비, 조명 시설, 레스토랑, 전망대가 있다. 전망대에는 2014년에 '틸트TILT'라는 시설을 설치했다. 틸트는 창가 발판 위에 오른 방문객을 건물 밖으로 30도 기울여준다.

시공 및 구조

둘로 나뉜 건물

브루스 그레이엄과 SOM 소속의 구조 엔지니어 파즐러 칸Fazlur Khan은 두 건물을 한 채로 짓자고 제안했다. 주거용 건물 거주자가 창문 너머로 사무용 건물을 들여다보거나 혹은 그 반대 상황이 일어날 것을 염려했기 때문이다. 100층짜리 초고층 빌딩을 지어 하층부에는 업무 시설을, 조망이 좋은 상층부에 주거 시설을 두자는 의견이었다. 상업 시설과 주차장은 6층 이하에 두고 레스토랑과 전망대, 방송 시설은 지붕 층에 배치했다. 또 거주자가 자신의 집으로 오르내릴 수 있도록 당시로서는 드물게 고속 엘리베이터를 도입했다. 또 스카이 로비에서 고속 엘리베이터와 일반 엘리베이터를 바꿔 탈 수 있게 했다.

위로 좁아지는 형태

업무 시설은 바닥판이 외벽으로부터 깊숙이 들어가도 크게 상관없지만 주거 시설은 자연 채광이 필요하기 때문에 그 반대다. 이 점을 고려하며 건물을 쌓자 위로 갈수록 좁아졌다. 바닥 면적은 가장 아래층에서 지붕까지 올라가는 동안 60% 이상 줄어든다. 위로 좁아지는 형태로 건물을 지은 탓에 업무 시설에 세를 놓거나 아파트 세대를 배치하기가 까다롭다는 단점이 있었지만 대신 미시간호에서 밀려오는 바람의 풍하중 계수를 낮춘다는 장점이 있다.

가새 튜브 구조

파즐러 칸은 업무 시설과 주거 시설이 포개 있다는 점과 건물이 위로 좁아지는 형태라는 점에 착안해 역사가 짧은 고층 건물사에서 가장 혁신적이며 영향력 있는 구조 하나를 도입했다. 외부에 가새를 댄 건물은 19세기에도 존재했지만, 파즐러 칸은 외부 골조와 건물 코어 사이의 중간 기둥을 없애고 세계 최초로 가새 튜브 구조를 창안했다. 시카고 건축계가 얻은 또 다른 혁신이었다. 사선 방향의 가새는 기둥과 바닥이 만나는 지점과 3개 층마다 교차하는 데다 건물이 위로 갈수록 좁아져 각 층고가 일정하진 않았다. 하지만 가새 튜브 구조는 횡력에 견디는 힘이 강하기 때문에 거주자는 높은 곳에서도 건물이 흔들리는 느낌을 받지 않고 안정적으로 생활할 수 있었다. 또 철골 사용량이 45층짜리 건물을 짓는 수준으로 줄어들었다. 두 채로 나눠 지으려던 100층짜리 고층 건물치고는 나쁘지 않은 결과였다.

파사드는 검은색 양극 산화anodized 알루미늄과 구릿빛 유리로 마감했으며, 기계실이 있는 층에는 검은색 루버louver를 설치했다.

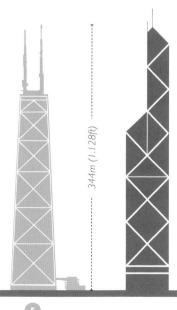

344m (1,128ft)

안테나 높이는 당시 미국 연방항공청Federal Aviation Administration이 허용한 최고 높이인 457m에 이른다.

이 100층 건물의 총면적은 26만m²다.

존핸콕센터는 1999년에 미국건축가협회American Institute of Architects, AIA가 수여하는 25년상을 받았다.

자동차는 외부에 있는 주차장 진입로를 통해 건물 지하 주차장으로 들어선다.

윌리스타워
WILLIS TOWER

미국 일리노이주 시카고 • 1974년 • 442m • 108층 • 업무 시설
소유주/개발자 블랙스톤그룹Blackstone Group ; 시어스로벅앤드컴퍼니Sears, Roebuck and
Company • **건축가** SOM • **구조 설계** SOM • **특징** 1974년부터 1998년까지 세계에서
가장 높은 건물이었으며 세계 최초로 복합 튜브bundled tube 구조 채택

브루스 그레이엄과 파즐러 칸

SOM의 건축가 브루스 그레이엄과 구조 엔지니어 파즐러 칸은 각자의 전문 지식을 결합해 가장 탁월하면서도 건축계에 큰 영향을 미친 현대적인 고층 건물 존핸콕센터(24쪽)를 지었다. 그 뒤 두 사람은 백화점 체인인 시어스로벅앤드컴퍼니의 의뢰를 받아 임직원 1만 명이 근무할 새 사옥을 설계했다. 시어스로벅앤드컴퍼니의 기존 사옥은 1900년대 초반 시카고 서쪽에 들어선 복합 건물에 자리 잡고 있었다. 두 사람이 함께 내놓은 결과물은 세상에서 가장 높은 건물이자 또 하나의 합리적이면서도 감동적인 작품이었다.

공간 계획

브루스 그레이엄과 파즐러 칸이 존핸콕센터를 완공한 해에 시어스로벅앤드컴퍼니의 대표 리처드 시어스Richard Sears는 새 사옥에 적합한 공간 계획을 짜고자 뉴욕의 인테리어 디자인 회사 인바이러네틱스Environetics를 고용했다. 인바이러네틱스는 100명에 가까운 관리자급 직원과 면담을 했다. 그리고 업무에 필요한 면적은 18만 6,000m², 앞으로 회사가 성장하면 추가로 9만 3,000m²가 필요하며 바닥판 면적은 4,465m²가 이상적이라고 결론 내렸다. SOM은 이 수치를 비롯한 다른 세부적인 요구 사항을 반영해 존핸콕센터처럼 도시의 스카이라인에서 개성을 드러내는 건물로 만들어내야 했다.

시어스에서 윌리스로

시어스로벅앤드컴퍼니는 예상만큼 성장하지 못했고 결국 1990년대 중반에 시 외곽으로 이전했다. 그럼에도 이 건물은 2009년에 런던의 윌리스그룹홀딩스Willis Group Holdings가 전체 면적 37만 1,600m² 가운데 1만 3,000m²만을 임대하며 건물의 명칭 사용권을 얻기 전까지도 계속해서 시어스타워로 불렸다. 지금도 많은 사람은 이 건물을 시어스타워로 부르며 세계 최고층 건물이 미국의 전유물이던 시절을 회상한다.

2009년 SOM은 건물 103층에 '레지Ledge'라는 캔틸레버cantilever형 유리 상자를 설치했다. 전망대 방문객은 이곳에서 아찔한 기분을 느낄 수 있다.

시공 및 구조

복합 튜브 구조

SOM은 루프 지구 내 시카고강 동쪽에 인접한 1만 2,000m² 대지에 지을 건물을 구상하면서 60층에서 120층에 이르는 오십여 가지의 계획안을 내놓았다. 일설에 따르면 브루스 그레이엄이 손에 담배 다발을 쥐고 담배 몇 개비가 위로 솟아오르게 하고는 파즐러 칸에게 이런 형태로 건물을 지을 수 있냐고 물어봤다고 한다. 그때부터 파즐러 칸은 세계 최초로 복합 튜브 구조를 고안하는 작업에 매진했다. 그가 고안한 구조에서는 단단한 철골조로 만든 튜브 9개(튜브는 한 변이 23m인 정사각형이며 외곽에 4.6m마다 기둥이 있음)가 건물 하부부 및 공간 계획상 필요한 바닥판 면적 4,700m²를 형성한다. 파즐러 칸은 튜브 9개 중 7개를 50층, 66층, 90층까지만 올려 이 초고층 빌딩을 비대칭적인 모습으로 만들었고 상층부에 작용하는 풍하중의 영향을 최소화했다.

튜브 다발 묶기

하지만 개별 건물이나 다름없는 튜브 9개를 어떤 방법으로 결합해야 할까? 칸과 팀원들은 2층 높이의 벨트 트러스belt truss를 고안해 이것으로 건물 외부를 감싸서 튜브들을 연결했다. 이는 그레이엄이 손으로 담배 다발을 쥐었던 방식과 매우 유사했다. 벨트 트러스로 튜브를 묶는 공정은 9개의 정사각형 튜브가 모두 묶인 구조체의 중간 부위, 튜브 다발이 멈추는 부위, 맨 꼭대기 부위에 시행됐다. 튜브를 묶은 부위는 모두 기계실 층이라 대각선 부재로 엮은 트러스가 업무 공간을 침범하는 일이 없었다.

건물 내 수직 이동

임직원 1만 명과 임대 사무실 직원 6,000명이 생활하는 이곳은 엘리베이터가 많이 필요했다. 설치된 엘리베이터 수는 정확히 104대인데, 이 중 14대는 2층 엘리베이터로 이용객을 33층과 34층, 66층과 67층에 위치한 스카이 로비로 실어나른다. 여기서 일반 엘리베이터로 갈아탈 수 있다. 윌리스타워는

건물 형태가 계단형인 덕에 엘리베이터가 최상층에 닿으면서도 건물 코어의 크기를 줄일 수 있었다. 이 중 한 대는 전망대용으로 배치해 최하층과 최상층을 오르내리며 방문객을 103층에 위치한 전망대까지 60초 만에 실어나르도록 했다.

2017년 초 블랙스톤그룹은 5억 달러(약 5,600억 원)를 들여 저층부 주변 광장을 옥상정원을 갖춘 상업 시설로 탈바꿈할 계획이라고 발표했다.

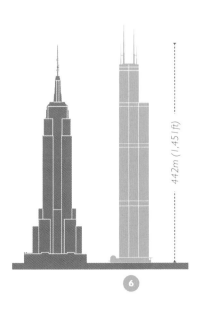

442m (1,451ft)

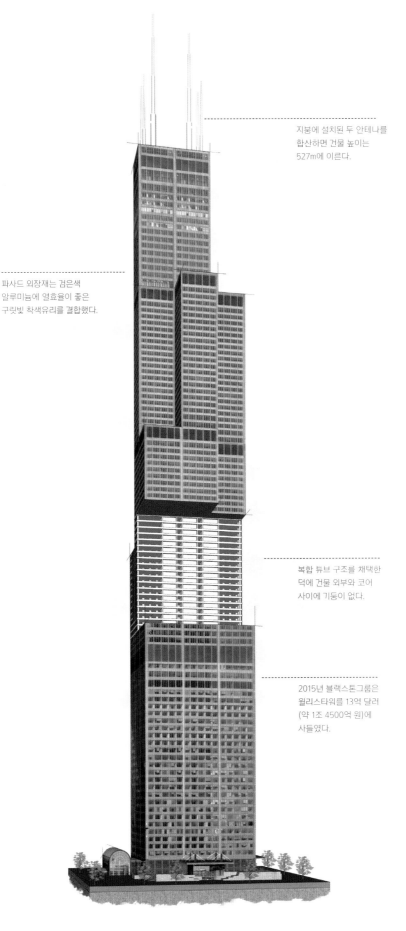

지붕에 설치된 두 안테나를
합산하면 건물 높이는
527m에 이른다.

파사드 외장재는 검은색
알루미늄에 열효율이 좋은
구릿빛 착색유리를 결합했다.

복합 튜브 구조를 채택한
덕에 건물 외부와 코어
사이에 기둥이 없다.

2015년 블랙스톤그룹은
윌리스타워를 13억 달러
(약 1조 4500억 원)에
사들였다.

터미널타워
TERMINAL TOWER

미국 오하이오주 클리블랜드 • 1928년 • 216m • 52층 • 업무 시설
소유주/개발자 오리스 팩스턴 반 스웨링겐Oris Paxton Van Sweringen, 맨티스 제임스 반 스웨링겐
Mantis James Van Sweringen • **건축가** GAP&WGraham, Anderson, Probst & White
구조 설계 H. D 주엣H.D.Jouette • **특징** 1928년부터 1953년까지 뉴욕 외곽에 있는 건물 중
가장 높은 건물이었으며 1976년에 국가 사적지로 등재

역사적 배경

1900년대 클리블랜드에서는 공익과 사익이 충돌하는 상황이 벌어졌다. 반 스웨링겐 형제는 자신의 교외 개발지에 통근 기차를 운행하려 했지만, 기존 철로와 이리호Lake Erie 주변의 기차역을 사용하지 못하게 되었다. 반 스웨링겐 형제는 투표권자들을 만나 클리블랜드 시내 남동쪽에 있는 사유지에 새로 기차역을 지어, 1903년에 건축가 다니엘 번햄Daniel Burnham이 총괄한 그룹플랜Group Plan에 따라 지어질 예정이던 레이크프론트 Lakefront 기차역을 대신하겠다고 설득했다. 설득에 성공한 형제는 기차역을 짓고 그 위를 건물 일곱 채로 덮으면서 그 중심에 52층짜리 터미널타워를 랜드마크로 세웠다.

복합역사 개발

반 스웨링겐 형제는 오늘날 사람들이 타워시티센터Tower City Center라고 부르는 시설을 짓고자 다니엘번햄건축사무소의 명맥을 이은 GAP&W에 설계를 맡겼다. 1919년 그들이 내놓은 초기 계획안에는 타워가 포함되지 않았다. 도시에 고층 건축물을 허용하는 개정안이 통과된 지 1년 뒤인 1925년, 반 스웨링겐 형제는 뉴욕을 대표하는 울워스빌딩Woolworth Building처럼 클리블랜드에도 도시를 대표하는 건축물을 세우겠다고 발표했다. 타워 동쪽과 서쪽에 각각 호텔과 백화점(GAP&W 작품)을 새로 지어 복합 시설을 형성하고, 남쪽에는 18층짜리 건물 세 채를 세웠다. 터미널타워는 1928년부터 업무 시설에 임대인을 받으면서 뉴욕 외곽에서 가장 높은 건물로 주목받았고, 1930년 6월에는 전체 시설을 완전히 개장했다.

터미널타워는 퍼블릭스퀘어Public Square 및 복합역사 개발의 일환으로 양옆에 세운 건물들과 45도 틀어진 채로 놓였다.

시공 및 구조

시공

복합 시설이 들어선 자리는 토질이 다양해서 지름 3m짜리 케이슨 16개를 60m 이상 매설해 셰일shale 층을 단단히 다져야만 총 무게 5만 8,000톤의 타워를 지을 수 있었다. 타워를 시공할 때는 기차에서 발생하는 진동을 줄이고자 기차역을 지을 당시 사용한 것과는 별개로 타워용 말뚝을 추가 매설했다. 기초 공사는 인부 250명이 8시간씩 교대로 24시간 일한 덕분에 착공한 지 반년 만인 1926년 7월에 마무리했다. 철골 공사는 상대적으로 수월하게 진행되어 다음 해 8월에 지붕 층 덮기가 완료되었다.

터미널타워의 높이는 큐폴라cupola 위에 놓인 깃대를 합산하면 235m에 이른다.

기차역 위에 세운 타워

지하에 있는 선로와 승강장은 지상에서 벌어지는 건축 작업에 영향을 미친다. 기둥 간격이나 복합 시설을 연결하는 대형 공용 공간의 위치 같은 것은 지하에 들어선 시설에서 영향을 받을 수밖에 없다. 기차역 위에 타워를 올리기로 했을 때, 타워 중간에 코어를 세우고 선로 사이사이 기둥을 세워야 했다. 결국 기존에 세웠던 기차역 설계안이 어그러졌다. 건축가들은 여러 문제를 훌륭히 해결했지만, 기차역과 관련된 보강 공사는 타워가 완공된 1928년에 가서야 착수할 수 있었다.

큐폴라

터미널타워는 총 52층이지만 방문객은 전망대가 있는 42층까지만 올라갈 수 있었다. 그 위에는 맥킴미드앤드화이트McKim, Mead & White가 설계한 뉴욕 뮤니시펄빌딩Municipal Building을 닮은 큐폴라가 있고 그 안에는 기계실이 있다. 이 장식 구조물 덕분에 터미널타워는 더 높아졌고 클리블랜드의 상징으로 자리 잡았다. 시간이 흐르고 철도 교통이 쇠락하면서 선로 대부분이 주차장으로 바뀌었지만 터미널타워는 여전히 독특한 매력을 간직하고 있다.

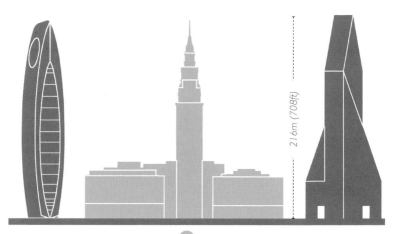

216m (708ft)

이 52층 타워의 총면적은
5만 3,600m²다.

건물을 복원하면서 전체 창문
약 2,200개를 모두 이중
단열 창으로 교체했다.

타워에서 각 층을 연결하는
엘리베이터는 23대다.

복합 역사 대지를 확보하기
위해 건물 약 2,000채를
철거하고, 1만 5,000명의
주민을 이주시켰다.

PPG플레이스
ONE PPG PLACE

미국 펜실베이니아주 피츠버그 • 1984년 • 194m • 40층 • 업무 시설
소유주/개발자 PPG인더스트리즈Pittsburgh Plate Glass Industries • **건축가** 필립 존슨Philip Johnson, 존 버기John Burgee • **구조 설계** LERA Leslie E.Robertson Associates • **특징** 중간에 솟은 타워는 PPG인더스트리즈의 사옥인 PPG플레이스를 이루는 여섯 건물 중 하나

도시 재개발

20세기 들어 피츠버그는 미국 내 다른 도시들과 마찬가지로 공업 도시에서 금융서비스 분야가 중심이 되는 도시로 탈바꿈하며 급격한 변화를 겪었다. 오늘날 골든트라이앵글이라 불리는 (머논가힐라Monongahela강, 엘러게니Allegheny강, 도시 횡단 고속도로가 감싸는) 지역은 피츠버그의 중심 업무 지구이지만, 19세기 PPG사의 본사와 공장이 있던 곳이다. PPG사는 1979년부터 1984년까지 새 사옥을 지으면서 여섯 채의 건물 한가운데에 공용 광장을 배치했다. 그리고 도시의 스카이라인을 형성하는 타워와 분수를 만들었다. PPG플레이스는 시내 개발 전략의 일환으로 남쪽으로는 머논가힐라강을 굽어보고 북쪽으로는 유서 깊은 마켓스퀘어Market Square와 이어지도록 개발되었다.

필립 존슨

PPG사는 타워와 타워를 감싸는 저층 건물을 설계하고자 건축가 필립 존슨(당시 존 버기와 건축사무소를 공동 운영)에게 설계를 맡겼다. 필립 존슨은 여러 건축 양식을 카멜레온처럼 넘나드는 인물로, 1980년대에 미래 시대 건축물에서 영감을 얻으면서도 포스트모더니즘 양식이 강하게 나타나는 건물들을 설계했다. 이 시기에 그가 설계한 건물 중 가장 유명한 것은 AT&T빌딩(현 소니빌딩)이다. 맨해튼 미드타운에 세운 이 건물은 화강암으로 마감했으며 상부에 곡선이 많고 장식적인 치펀데일Chippendale 양식이 돋보인다. 필립 존슨은 AT&T빌딩과 PPG플레이스 설계를 동시에 진행했는데 PPG플레이스를 지을 때는 회사의 특성상 외장재로 석재가 아닌 유리를 써야 했다.

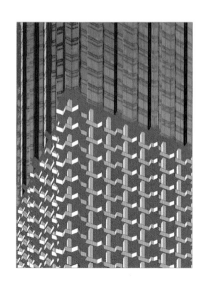

형태가 복잡한 커튼월의 샛기둥을 시공하기 위해 슬래브에 수많은 돌출부를 만들었다.

시공 및 구조

과거에서 얻은 영감
필립 존슨은 여러 지역의 오래된 건축, 특히 피츠버그대학교의 배움의전당Cathedral of Learning과 19세기 런던의 국회의사당 건물 빅토리아타워Victoria Tower에서 영감을 얻었다. 그 결과 짙은 색 유리 외장재로 석재의 묵직한 이미지를 표현한, 뾰족뾰족한 네오고딕 양식 건물이 탄생했다.

타워를 둘러싼 저층 건물에도 유리 첨탑이 있어서 네오고딕 양식의 특징이 반복적으로 나타난다.

유리
높이가 40층인 PPG플레이스와 그 주변 건물은 모두 PPG사의 반사 단열 판유리 1만 9,750장(솔라밴Solarban 550)으로 마감했다. 이렇게 많은 유리를 쓴 가장 큰 이유는 외관을 커튼월로 표현하기 위해서였다. 고딕 양식으로부터 영감을 얻은 건물의 수직부는 사각이나 각진 유리로 디테일을 살렸다. 외장재로 사용한 유리는 주변 환경의 모습을 투영하고 있어 건물은 그 자체로 PPG사와 제품을 광고하는 대형 홍보물이 되었다. PPG플레이스에 사용한 유리는 크리스털시티Crystal City에서 제작되었다. 이곳의 미주리타운Missouri Town은 실리카silica 매장량이 많아 19세기 대표적인 유리 생산지였다. 유리는 펜실베이니아주 포드시티Ford City로

운반한 뒤 단열 유리로 만들었다. 단열 유리를 양극 산화 알루미늄 창틀에 끼워 건물 외관을 네오고딕 양식으로 표현하는 작업에만 175개의 단면도가 필요했다. 타워와 타워를 감싸는 건물은 옅은 색 창틀이 짙은 색 유리와 대비되는데, 수직부와 각 층을 이루는 선을 구획하며 만화에 나올 법한 외관을 얻었다. 필립 존슨의 설계안에서 가장 눈길을 끄는 점은 각 건물 지붕 위에 있는 첨탑 231개에 유리를 사용한 방식이다. 타워 위로 솟은 첨탑이 특히 인상적인데 지붕 네 모서리 위에 8층 높이로 똑같이 뻗은 첨탑은 시내 어디서나 눈에 들어온다.

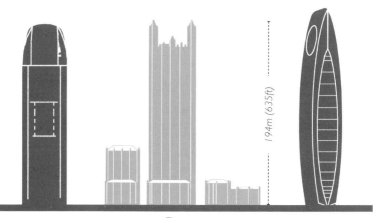

194m (635ft)

타워 서쪽에 마련한
겨울 정원 역시
유리 지붕으로
덮었다.

타워 모서리의 유리 첨탑은
지붕 위로 25m 솟아 있다.

촘촘히 시공된 철골 구조체는
타워와 복잡한 유리 파사드,
그리고 첨탑을 지탱한다.

PPG 사옥 내 업무 시설
면적은 14만㎡다.

앱솔루트타워
ABSOLUTE TOWERS

캐나다 온타리오주 미시소가 • 2012년 • 176m(타워1), 158m(타워2) • 56층(타워1),
50층(타워2) • 주거 시설 • **소유주/개발자** 시티즌디벨로프먼트그룹Cityzen Development Group,
펀브룩홈즈Fernbrook Homes • **건축가** MAD아키텍츠MAD Architects, 부르카아키텍츠
Burka Architects • **구조 설계** 지그문드수닥앤드어소시에이츠Sigmund Soudak & Associates
특징 2012엠포리스초고층빌딩상Emporis Skyscraper Award에서 최우수상 수상

미시소가

앱솔루트타워가 완공되기 전까지 미시소가 Mississauga라는 도시는 캐나다에 살지 않는 사람들에게 낯선 곳이었다. 미시소가는 밴쿠버보다도 인구가 많지만 토론토 광역권에 속한 도시다보니 상대적으로 이름이 많이 알려지지 않았다. 미시소가시 권역에 있는 공항 명칭조차 토론토피어슨Toronto Pearson 공항일 정도다. MAD아키텍츠의 중국 건축가 마얀송Ma Yansong이 회전하는 형태의 쌍둥이 빌딩을 설계하고 나서야 그 이름을 알렸다.

설계 공모전

앱솔루트타워는 미시소가에 빌바오 효과Bilbao effect를 불러왔다. 미시소가시와 부동산 개발업체인 시티즌사 그리고 펀브룩사가 민관합작으로 대규모 주거 단지를 개발하는 과정에서 설계 공모전을 마련한 게 그 시작이었다. 북아메리카에서 주거용 건물을 대상으로 공모전을 여는 경우는 흔치 않았고, 응모작은 100여 점에 이르렀다. 여섯 작품이 결선에 올랐고, MAD아키텍츠가 출품한 유기적인 설계안이 최우수작으로 당선되었다.

건물 형태

마얀송은 건물에 '아름다운 곡선'을 부여했다. 그가 노린 건 건물에 메릴린 먼로라는 대중적인 애칭이 붙는 것이 아니라 건물 디자인에 자연미가 깃드는 것이었다. 건물 곡선은 각 층의 타원형 바닥판을 1도에서 8도 회전시켜 나왔다. 건물이 가장 인상적으로 구부러진 곳은 건물의 중간 부분이었다. 첫 번째 타워가 한 주 만에 분양이 완료되자 개발업체는 재빨리 두 번째 타워를 짓는 작업에 착수했다. 마얀송은 두 번째 타워를 여동생이 아닌 쌍둥이 같은 모습으로 설계했다. 첫 번째 타워보다 6층이 낮은 두 번째 타워는 한 층 올라갈 때마다 바닥판이 4도씩 회전한다.

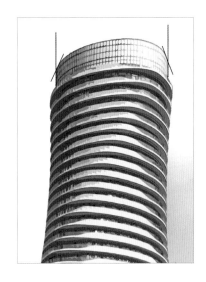

지붕 층에 있는 기계 설비는 유리벽에 덮여 있고
밤이면 조명이 들어온다.

시공 및 구조

구조

공모전이 끝난 뒤 가장 큰 난관은 흐르는 듯한 MAD아키텍츠의 설계안을 실제 주거 건물로 시공하는 일이었다. 타워가 회전하는 대로 기둥을 똑같이 세우면 세대별 평면을 층마다 동일하게 할 수 있지만, 그 방법은 건물의 사각 코어에서 뻗어 나오는 콘크리트 내력벽의 격자선 때문에 피해야 했다. 이 말은 곧 세대별 평면이 층마다 달라야 하며, 수직 하중과 수평 하중을 담당하는 콘크리트 벽체가 타원형 바닥판에 비례해 늘어나거나 줄어든다는 뜻이다.

공기역학

앱솔루트타워는 관능적인 형태 덕분에 자연스레 공기역학상 이점을 덤으로 얻었다. 나선형은 어느 방향에서나 바람이 건물에 가하는 횡력을 줄여준다. 풍하중이 줄면 거주자는 타워를 감싸는 발코니에서 더욱 안정감 있게 생활할 수 있다.

발코니

건물을 따라 이어지는 발코니는 거주자가 누리는 쾌적한 옥외 공간이지만, 열교 현상 thermal bridge의 원인으로 작용해 몇몇 문제를 일으키기도 한다. 콘크리트 슬래브를 통해 냉기나 열기가 실내로 흘러들어가는 현상을 막기 위해 각 외벽에 열교 차단재와 단열 처리한 소피트soffit를 시공하는 방법이 개발되었다. 앱솔루트타워 발코니에는 순기능도 있다. 첫째로 발코니가 건물 밖으로 튀어나와 여름철 직사광선이 실내로 들어오지 못하게 막아주는 효과가 있다. 둘째로 발코니 끝부분이 좁아지는 형태여서 타워가 회전하거나 각 층 사이에서 공간이 변하는 양상을 더욱 도드라지게 한다.

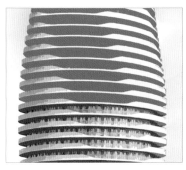

층수가 첫 번째 타워보다 적고 층마다 4도씩 회전하는 두 번째 타워는 난간의 일부를 반투명 유리로 표현했다.

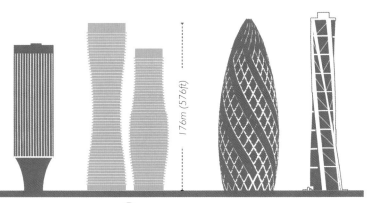

176m (576ft)

두 번째 타워의 높이는
50층이고 총면적이
3만 5,380m²다.

첫 번째 타워의 높이는
56층이고 총면적이
4만 70m²다.

혁신이 필요하기는 시공사들도
마찬가지였다. 거푸집 시공사는
건물을 따라 회전하며 올라가는
새로운 시스템을 개발해야 했다.

첫 번째 타워는 총 209도
회전했고 두 번째 타워는
총 200도 회전했다.

플랫아이언빌딩
FLATIRON BUILDING

미국 뉴욕주 뉴욕 • 1902년 • 87m • 21층 • 업무 시설
소유주/개발자 조지풀러컨스트럭션컴퍼니George Fuller Construction Company • **건축가** 다니엘
번햄 • **구조 설계** 조지풀러컨스트럭션컴퍼니 • **특징** 건축주이자 시공자인 조지 풀러의
이름을 따 풀러빌딩이라 불렸지만 건물의 독특한 형태 때문에 플랫아이언빌딩으로 명칭 변경

조지 풀러

1882년 건축가 조지 풀러는 자신의 이름을 내건 회사를 차리고 뜻밖에도 설계가 아닌 시공에만 전념한다. 그는 철골로 고층 건물을 짓는 새로운 공법을 받아들였는데, 그 선택은 성공적이었다. 1891년 조지 풀러는 백만장자가 되었다. 5년 뒤 뉴욕으로 사업 영역을 확장 고작 나이 마흔아홉에 죽음을 맞이한다. 풀러의 사위인 해리 블랙Harry Black은 장인의 사업을 이어받더니 1년 뒤 삼각형 모양의 기묘한 대지를 구입한다. 브로드웨이 5번가와 매디슨스퀘어파크Madison Square Park 인근 23번가가 교차하는 그곳에 훗날 풀러사의 사옥이 건립된다.

다니엘 번햄의 설계안

해리 블랙은 대지를 사기도 전에 시카고의 유명 건축가인 다니엘 번햄에게 설계를 맡겼다. 다리미(플랫아이언flatiron은 다리미라는 뜻-옮긴이)꼴 대지 위에 20층짜리 건물을 빠르게 지어야 하는 작업이었지만 다니엘 번햄은 그에 굴하지 않고 뉴욕에 자신의 첫 건물을 짓는다는 사실을 기뻐했다. 그는 대지를 거의 가득 채우고 보도 위로 21층 솟은 건물을 제안했다. 건물 외장재로 얇은 석회암과 테라코타를 쓰고 지붕에 1.2m짜리 코니스cornice를 얹었다. 건물은 고대 그리스 신전의 기둥과 유사하게 기단부, 중간부, 상단부의 수직 구성 형태를 갖췄다. 단 중간부에는 베이 윈도bay window를 살짝 내밀어 브로드웨이 일대에서 반복적으로 나타나는 중간부 양식에서 벗어났다.

철거

1901년 5월 기존에 있던 2, 3층 건물 철거 작업에 착수한 풀러사는 7층짜리 컴벌랜드Cumberland 아파트 건물 앞에서 난관에 부딪혔다. 그곳에 살던 윈필드 스콧 프로스키Winfield Scott Proskey 대령이 다른 세입자와 달리 이주를 거부한 것이다. 대령은 기본 생활 시설을 사용하지 못하게 된 뒤에도 집을 떠나지 않았고 이주하는 대가로 5,000달러를 주겠다는 제안도 뿌리쳤다. 프로스키 대령의 소식은 전국적인 관심을 받았지만 6월 중순 무렵 변호사들이 그를 퇴거시킬 방안을 마련해내면서 맨해튼 14번가 북쪽에 처음으로 고층 건물이 들어설 길이 열렸다.

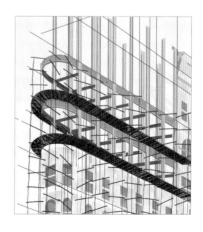

플랫아이언빌딩의 모서리 세 군데에
곡선형 철골 부재를 설치했다.

시공 및 구조

시공

풀러사는 1901년 9월 11일에 건물에 대한 건축 허가를 받았는데, 언론은 이미 그때부터 이 건물을 플랫아이언빌딩이라고 불렀다. 허가가 떨어지자 작업 인부들은 곧바로 콘크리트와 화강암으로 기초를 놓기 위해 터파기 공사를 진행했다. 터파기 깊이는 삼각형 대지 아래로 기반암이 나타나는 10.6m에 불과했다. 리벳rivet으로 접합한 철골은 펜실베이니아주 피츠버그에서 생산해 맨해튼까지 열차와 선박, 트럭으로 운반했다. 철골을 기초부에 올리던 공사 초기에는 눈보라가 몰어닥치고 건설업 호황으로 철강재 수요가 폭등해 공사 진행이 더뎠다. 하층부 마감에는 인디애나 석회암을 사용했고, 그 외 부분 마감에는 테라코타 타일을 사용했다. 암석과 타일은 스태튼Staten섬에서 생산한 당시 방식대로 철골 프레임에서 떼어 매달았다.

대중의 반응

1902년 10월 초, 21층 높이의 고층 건물이 완공되자 비평가들은 엇갈린 평을 내놓았다. 하지만 대중이 보낸 폭넓은 지지 덕분에 그런 비평은 곧 상쇄되었다. 메디슨스퀘어파크를 마주 보는 플랫아이언빌딩의 모서리는 마치 뱃머리 같아서, 사람들은 이 건물을 도로를 거슬러 오르는 선박에 빗대기를 좋아했으며, 예술가들은 그 모습을 그림과 사진에 담았다. 풀러사는 건물이 완공된 지 얼마 되지 않아 공식적인 건물명을 플랫아이언빌딩으로 바꿨다. 거기에는 이 건물의 주인이 뉴욕시와 뉴욕 시민이라는 뜻이 담겨 있었다.

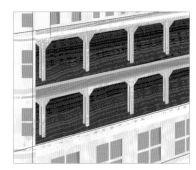

구조 엔지니어 코리돈 퍼디Corydon Purdy는 폭이 좁은 건물이 풍하중에 잘 견디도록 다양한 종류의 버팀대를 고안했다.

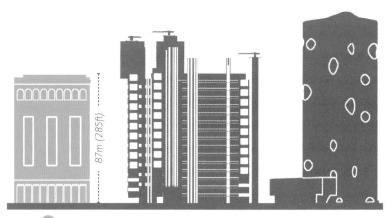

87m (285ft)

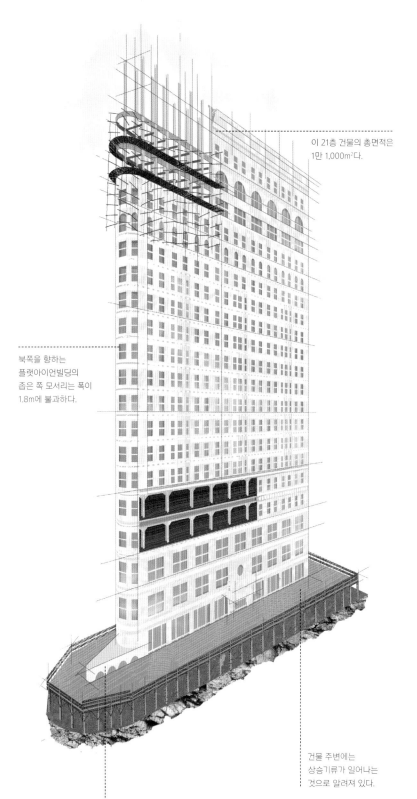

이 21층 건물의 총면적은
1만 1,000m²다.

북쪽을 향하는
플랫아이언빌딩의
좁은 쪽 모서리는 폭이
1.8m에 불과하다.

건물 주변에는
상승기류가 일어나는
것으로 알려져 있다.

건물이 완공되기 얼마 전
건축주의 제안에 따라
단층 상가가 추가되었다.

울워스빌딩
WOOLWORTH BUILDING

미국 뉴욕주 뉴욕 • 1913년 • 241m • 57층 • 업무 시설

소유주/개발자 F.W.울워스컴퍼니 F.W.Woolworth Company, 어빙내셔널익스체인지뱅크
Irving National Exchange Bank, 알케미프로퍼티Alchemy Properties, 위트코프그룹Witkoff Group

건축가 캐스 길버트Cass Gilbert • **구조 설계** 군바르드아우스컴퍼니Gunvald Aus Company

특징 1913년부터 1930년까지 세계에서 가장 높은 건물이었으며 준공식에서
한 유명 인사가 사용한 표현으로부터 '상업을 위한 대성당'이라는 별명을 얻음

프랭크 울워스

1879년 프랭크 울워스Frank Woolworth는 펜실베이니아주 랭커스터에 자신의 이름을 딴 5센트 상점을 차렸다. 저가 상점은 크게 성공했는데, 그가 건축가 캐스 길버트에게 울워스사의 사옥 설계를 의뢰한 1910년에는 가맹점이 뉴욕에만 20개, 전국적으로는 총 300여 개에 이르렀다. 2년 뒤에는 가맹점 숫자가 2배로 늘었고, 가맹점 형태로 운영되던 상점들은 모두 F.W.울워스컴퍼니에 통합되었다. 울워스는 얼마나 크게 성공했던지 사옥 건립에 필요한 비용 1,350만 달러(그중 절반은 땅값)를 모두 현금으로 지급했다.

캐스 길버트

1910년 전까지 건축가 캐스 길버트가 뉴욕에 지은 건물은 스무 채가 되지 않았다. 그러나 호화롭게 장식한 그의 보자르Beaux-Arts풍 건축물들은 도시 경관에 영향력을 발휘하고 있었다. 울워스와 길버트는 몇 해 전 플랫아이언빌딩 근처에 들어선 높이 213m 메트로폴리탄라이프타워Metropolitan Life Tower를 뛰어넘는 건물을 짓고자 화려한 네오고딕 양식을 선택했다. 캐스 길버트는 이 양식이 마천루에 대한 열망은 물론이고, 로어맨해튼 내

시청 공원City Hall Park이 내려다보이는 대지에 울워스사의 '초대형 간판'을 건립하려는 계획에도 잘 들어맞는다고 생각했다.

주거 시설

20세기 들어 로어맨해튼 지역에 인구가 가파르게 증가하자 여러 건물주들은 건물 내 사무실을 비워 주거 시설로 개조했다. 울워스빌딩도 마찬가지였지만 방법이 전혀 달랐다. 울워스빌딩의 위쪽 30층은 아파트 서른 세 세대로 바뀌었는데 그중 한 세대는 7층짜리 펜트하우스였다. 그곳에 사는 사람은 높다란 왕좌에 앉아 있는 셈이어서 일반인들은 그저 멀리서 바라만 볼 수 있을 뿐이었다.

육중한 하층부 위로 늘씬한 타워가 솟아 있다.
아래쪽 28개 층은 업무 시설이며, 그 위쪽은
주거 시설로 변경되었다.

시공 및 구조

설계

캐스 길버트는 런던 국회의사당의 빅토리아 타워Victoria Tower를 모델로 삼자는 프랭크 울워스의 제안을 받아들였다(당시 울워스는 영국으로 사업을 확장하는 중이었다). 건축주의 제안을 반영한 최종 설계안은 1911년 초에 나왔다. 30층짜리 U자형 건물을 대지 가득 채운 다음 그 위로 늘씬한 23층짜리 타워를 올리고 청동 지붕을 씌운 모습이었다. 건물의 파사드는 보수적이지만 형태는 그렇지 않았다. 울워스빌딩의 타워는 고딕 장식 덕분에 수직성이 부각되어서 사선 제한setback을 받은 건물들 위로 보란 듯이 뻗어 올라갔다. 건물 위에 타워를 올리는 캐스 길버트의 설계안은 1916년 뉴욕시가 도시에 용도 지구를 설정하여 건축물 높이를 제한하기 3년 전에 지어졌다.

시공

캐스 길버트가 이끄는 팀원들은 90일 동안 타워 시공과 관련된 각종 도면을 작성했다. 도면은 구조 엔지니어가 그린 것까지 모두 포함해 총 1,550장이었다. 시공사로 톰슨스타렛Thompson-Starrett Co.이라는 회사가 선정되었다. 이 시공사는 터파기 공사를 시작해 기반암까지 약 35m를 파 내려간 다음 현장 타설 말뚝 기초를 설치했다.

기초부 위로 2만 865톤에 달하는 철골 보와 기둥, 포털 브레이스portal brace, 사선 버팀대, 기타 풍하중용 부재가 올라갔다. 테라코타 외장재는 뉴저지에서 제작해 공사 현장까지 15분에 트럭 한 대꼴로 반입했다. 건물 규모는 크지만 대지가 협소하고 작업 인부도 한 번에 2,000명이나 나와야 하는 상황이어서 수작업이나 기계 작업보다 자재 반입이 더 중요한 관리 대상이었다.

타워는 네오고딕 양식의 테라코타로 마감되어 예스럽지만, 타워를 떠받치는 것은 현대적인 철골 구조체다.

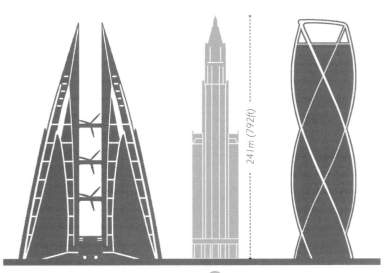

241m (792ft)

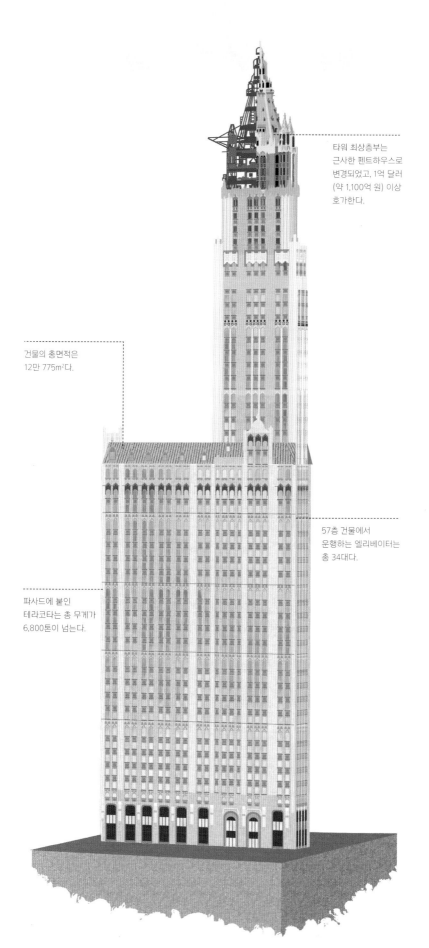

타워 최상층부는
근사한 펜트하우스로
변경되었고, 1억 달러
(약 1,100억 원) 이상
호가한다.

건물의 총면적은
12만 775m²다.

57층 건물에서
운행하는 엘리베이터는
총 34대다.

파사드에 붙인
테라코타는 총 무게가
6,800톤이 넘는다.

크라이슬러빌딩
CHRYSLER BUILDING

미국 뉴욕주 뉴욕 • 1930년 • 319m • 77층 • 업무 시설

소유주/개발자 티시먼스파이어프로퍼티Tishman Speyer Properties,

W.P크라이슬러빌딩코포레이션W.P Chrysler Building Corporation

건축가 윌리엄 밴 앨런William van Alen • **구조 설계** 랄프스콰이어앤드선즈 Ralph Squire & Sons

특징 1930년 5월부터 1931년 5월까지 1년 동안 세계에서 가장 높은 건물

역사적 배경

맨해튼을 대표하는 이 고층 건물은 계획대로 일이 풀렸더라면 레이놀즈빌딩Reynolds Building 이라고 불렸을 것이다. 부동산 개발업자이자 전직 상원 의원인 윌리엄 레이놀즈William Reynolds는 건축가 윌리엄 밴 앨런에게 그랜드센트럴터미널Grand Central Terminal 근처이자 42번가와 렉싱턴 거리가 만나는 모퉁이에 높이가 206m인 고층 건물을 설계해달라고 요청했다. 하지만 레이놀즈는 자금이 바닥난 상태였고, 결국 1928년 10월 월터 크라이슬러Walter Chrysler가 대지와 건물 개발권을 200만 달러에 사들였다.

높이 경쟁

제1차 세계대전과 대공황 사이의 평온했던 시기에 부동산 개발업자들은 자금과 기술이 허락하는 대로 가장 높은 건물을 짓는 데 열을 올렸다. 그중에서도 1930년에 완공된 크라이슬러빌딩과 해럴드 세브란스Harold Severance가 설계한 40월스트리트40 Wall Street가 대중의 관심을 받았다. 두 건물은 1년 뒤 엠파이어스테이트빌딩이 완공되면서 세간의 관심에서 멀어지지만, 어쨌거나 크라이슬러빌딩이 40월스트리트보다 30.5m가 더 높았다. 이는 건축가 밴 앨런에게 기분 좋은 승리였다. 밴 앨런은 한때 해럴드 세브란스와 동업 관계였지만 그 끝이 좋지 않았다.

첨탑

윌리엄 밴 앨런은 초기 설계안에서 건물 상층부에 금속 지붕을 씌울 계획이었지만 새 건축주 월터 크라이슬러는 건물을 77층, 총 282m 높이로 더 올리자고 요청했다. 40월스트리트가 조명탑과 깃대를 더해 283m를 기록한 상황이었으므로 '세계에서 가장 높은 건물'이라는 칭호를 차지하려면 또 다른 수단이 필요했다. 앨런은 비밀리에 56.4m 첨탑을 설계해 건물 안에서 조립했다. 이 첨탑은 건축가의 표현을 빌리자면 나비가 고치를 뚫고 나오는 것처럼 건물 위에 얹혔다. 첨탑 설치에 걸린 시간은 고작 90분이었다. 크라이슬러빌딩의 첨탑이 얹히는 순간 40월스트리트는 가장 높은 자리에서 물러나야 했다.

뉴욕시 용도 지구 조례는 건물 타워부가 대지의 25% 미만을 덮는 경우 타워 높이를 제한하지 않는다. 그래서 저층부에서 독특한 모양으로 폭이 좁아지는 건물들이 등장했다.

시공 및 구조

니로스타

크라이슬러빌딩의 커튼월은 회색과 흰색, 검은색 벽돌에 흰색과 검은색 석재가 섞인 헤링본herringbone 패턴을 이루고 있다. 하지만 지붕과 첨탑, 장식물은 금속 재질로 이뤄져 스카이라인에서 잊지 못할 광경을 선사한다. 지붕과 첨탑, 장식에 사용한 재료는 니로스타Nirosta다. 니로스타는 제1차 세계대전 때 크루프Krupp사가 개발한 크롬 니켈 금속이며 스테인리스스틸로도 불린다. 31층 네 귀퉁이에 서 있는, 크라이슬러 자동차 엠블럼을 형상화한 모양의 가고일gargoyle 석상 4개와, 61층과 최상층부에 튀어 나와 있는 독수리상 8개도 니로스타로 도금되어 있다. 당시만 해도 이런 디자인은 전례가 없던 터라 세간의 조롱을 받았다. 한 비평가는 "의미 없이 요염하다"고 지적하기도 했다.

지붕과 첨탑형 구조물

건물 최상층부는 금속 외피 층, 목조 널판 층, 얇은 못박음 콘크리트nailing concrete 층, 리벳 접합된 철골 층, 모르타르 뿜칠 층의 다섯 겹으로 이뤄져 있다. 형상이 복잡한 구조용 철골은 선박 건조 회사가 제작해서 현장으로 운반했지만, 금속 피복재는 현장에서 실측한 뒤 67층과 75층에 마련한 작업장에서 제작했다. 금속은 종류가 다른 금속과 만나면 부식이 생기기 때문에 피복재와 동일 소재인 니로스타 재질의 못을 사용했다. 세계 최고층 건물을 짓기 위한 경쟁 속에서 얼마나 세심한 노력을 기울였는지 엿볼 수 있는 대목이다.

밤이면 금속 지붕부에 낸 삼각형 창문에 조명이 들어온다. 날이 저물어도 남다른 존재감을 드러낸다.

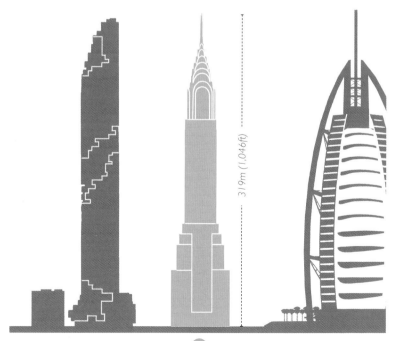

319m (1,046ft)

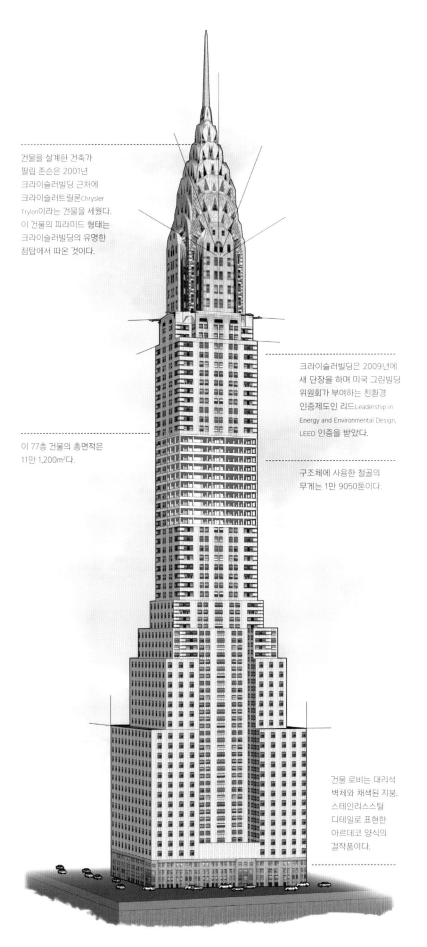

건물을 설계한 건축가 필립 존슨은 2001년 크라이슬러빌딩 근처에 크라이슬러트릴론Chrysler Trylon이라는 건물을 세웠다. 이 건물의 피라미드 형태는 크라이슬러빌딩의 유명한 첨탑에서 따온 것이다.

크라이슬러빌딩은 2009년에 새 단장을 하며 미국 그린빌딩 위원회가 부여하는 친환경 인증제도인 리드Leadership in Energy and Environmental Design, LEED 인증을 받았다.

이 77층 건물의 총면적은 11만 1,200m²다.

구조체에 사용한 철골의 무게는 1만 9050톤이다.

건물 로비는 대리석 벽체와 채색된 지붕, 스테인리스스틸 디테일로 표현한 아르데코 양식의 걸작품이다.

엠파이어스테이트빌딩
EMPIRE STATE BUILDING

미국 뉴욕주 뉴욕 • 1931년 • 381m • 102층 • 업무 시설

소유주/개발자 엠파이어스테이트부동산신탁Empire State Realty Trust, 카타르 투자청Qatar Investment Authority • **건축가** 슈레브램앤드하몬어소시에이츠Shreve, Lamb and Harmon Associates

구조 설계 H.G발콤앤드어소시에이츠H.G. Balcom & Associates

특징 1931년부터 1974년까지 세계에서 가장 높은 건물

미국의 상징

엠파이어스테이트빌딩은 세계에서 가장 널리 알려진 초고층 빌딩 가운데 하나이며, 지난 2007년 미국건축가협회가 벌인 설문 조사에 따르면 미국인이 가장 사랑하는 건물이다. 이렇게까지 높은 인기를 얻은 이유는 이 건물이 오랫동안 세계 최고층 건물의 자리를 지켜왔다는 점이 있지만, 무엇보다도 설계부터 시공까지 일사천리로 진행되었다는 점이 가장 큰 이유로 작용했다. 시공 계약서에 서명한 1929년 9월부터 준공식을 연 1931년 5월까지, 건물 완공에 단 20개월이 걸렸다.

물 5층까지 8,000m²의 대지를 가득 채우고, 그다음부터는 건물의 폭을 줄이면서 80층을 더 올렸다. 엘리베이터가 멈추고 임대 공간으로 들어가는 진입로에서는 건물 폭이 더 줄어든다. 피라미드형에 가까운 이 건물을 설계할 때 가장 중요한 요소는 경제성과 자연 채광이었다. 바닥판은 창가에서 건물 코어까지 거리가 8.5m를 넘지 않도록 설계되었다.

건물 형태

존 라스콥John Jakob Raskob과 동료들은 월도프아스토리아호텔Waldorf Astoria Hotel이 있던 34번가와 5번가가 만나는 대지를 사고, 1년 뒤 엠파이어스테이트사를 설립했다. 당시 뉴욕은 건설업이 호황이었고, 상당수 건물이 1916년에 제정된 용도 지구 조례에 따라 '웨딩케이크' 모양으로 지어졌다. 건축가 윌리엄 램Wiliam Lamb은 그런 관행에서 벗어나 건

빌딩에는 전망대가 두 곳 있다. 각각 86층과 102층에 있는 전망대는 비행선이 돛대형 구조물에 계류하면 승객이 탑승 절차를 밟는 곳으로 쓸 계획이었다.

시공 및 구조

시공

시공을 맡은 스타렛브라더스앤드에켄Starrett Brothers and Eken은 월도프아스토리아호텔을 철거하는 작업부터 건물이 완공되는 순간까지 공사 현장을 감독했다. 터파기는 기반암까지의 깊이가 10.7m에 불과해 24시간 내내 철야 작업에 집중했고 시작한 지 두 달 만인 1930년 5월에 마무리되었다. 철골 공사는 열흘에 14개 층을 올리는 속도로 진행되었는데 이어서 콘크리트 슬래브와 외부 파사드 작업이 진행됐다. 각 층에 임시로 자재 운반용 트랙을 깔아서 자재 운반이 수월했으며, 건축가 윌리엄 램이 설계한 커튼월(단석회암 판재와 알루미늄 스팬드럴spandrel 판재, 높이가 같은 창문) 덕분에 공사 속도가 빨랐다.

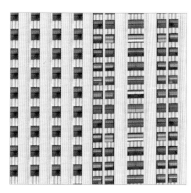

건물 외장재로 석회암 1만 4,158㎡를 사용했다.

철골 구조

구조 엔지니어인 호머 발콤Homer G. Balcom은 당시 성행하던 리벳 접합 철골조를 공법으로 채택했다. 1930년 4월 첫 번째 기둥을 세운 뒤부터 86층 전망대가 위치하는 지붕 층을 덮기까지, 총 무게 5만 1,700톤이 넘는 철골을 사용하는 골조 공사에 6개월이 소요되었다. 피츠버그에서 제작된 기둥과 보는 뉴저지로 운반한 뒤 맨해튼까지는 선박으로, 다시 현장까지는 트럭으로 운반했고, 곧바로 골조 공사에 투입됐다. 철골 공정은 제작부터 리벳 접합까지 단 80시간 만에 이뤄졌다.

돛대형 구조물

1930년 5월 엠파이어스테이트빌딩 현장과 가까운 곳에 있던 크라이슬러빌딩이 완공되었다. 크라이슬러빌딩은 첨탑 높이가 319m로 엠파이어스테이트빌딩의 85층 높이보다 1.2m가 낮은 데도 세계 최고층 건물로 홍보되었다. 윌리엄 램은 최고층 건물의 지위를 확고히 하고자 61m 돛대형 구조물을 제작해 건물 높이를 102층, 총 381m까지 높였다. 이 구조물은 비행선이 머무는 계류탑으로 쓸 계획이었지만, 건물 주변에 발생하는 상승기류 때문에 원래 목적대로 사용한 건 두어 번에 그쳤다. 1953년에는 그 자리에 텔레비전 타워가 들어섰고, 1964년 조명이 들어오면서부터 엠파이어스테이트빌딩은 뉴욕의 스카이라인에서 24시간 내내 존재감을 드러냈다.

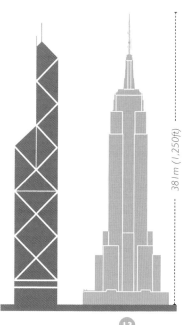

381m (1,250ft)

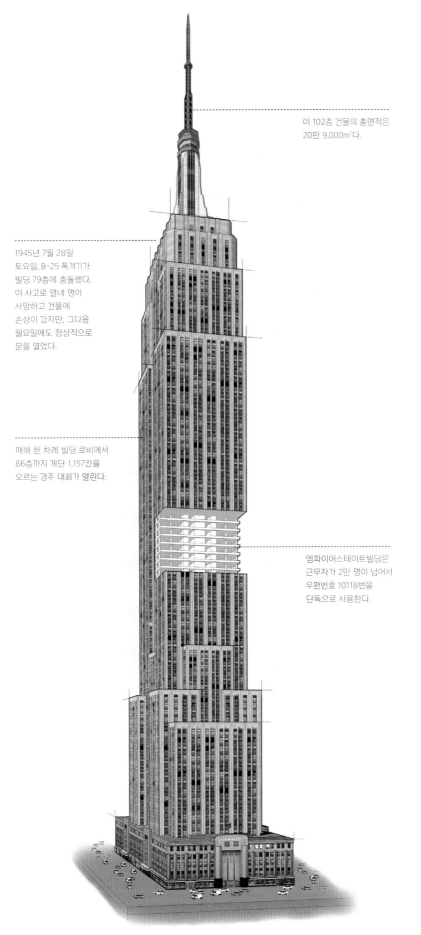

이 102층 건물의 총면적은 20만 9,000m²다.

1945년 7월 28일 토요일, B-25 폭격기가 빌딩 79층에 충돌했다. 이 사고로 열네 명이 사망하고 건물에 손상이 갔지만, 그다음 월요일에도 정상적으로 문을 열었다.

매해 한 차례 빌딩 로비에서 86층까지 계단 1,157칸을 오르는 경주 대회가 열린다.

엠파이어스테이트빌딩은 근무자가 2만 명이 넘어서 우편번호 10118번을 단독으로 사용한다.

원월드트레이드센터
ONE WORLD TRADE CENTER

미국 뉴욕주 뉴욕 • 2014년 • 541m • 94층 • 업무 시설

소유주/개발자 뉴욕뉴저지항만공사Port Authority of New York and New Jersey, 더스트오거니제이션 The Durst Organization • **건축가** SOM • **구조 설계** WPS글로벌, 쉬라이치베르게르만파트너 Schlaich Bergermann Partner • **특징** 집필 시점을 기준으로 서양에서 가장 높은 건물

대지의 역사

원월드트레이드센터는 2001년 9월 11일, 납치된 비행기 2대가 쌍둥이빌딩에 충돌해 2,600명이 넘는 인명 피해를 낸 끔찍한 테러 공격의 결과로 탄생한 건물이다. 야마사키 미노루가 설계하고 1973년에 완공된 쌍둥이빌딩은 대중들에게 크라이슬러빌딩이나 엠파이어스테이트빌딩만큼 사랑받지는 못했지만 그래도 뉴욕을 상징하는 건물이었다. 쌍둥이빌딩이 무너지자 로어맨해튼의 스카이라인에 공백이 생겼고, 그 자리는 이후 더 높은 건물로 채워진다.

마스터플랜

2002년 중반 발표된 몇몇 재건안이 논란을 일으키며 반발에 부딪히자 6만 5,000m² 대지에 대한 설계 공모전이 열렸다. 공모전은 큰 주목을 받았고 2003년 다니엘 리베스킨트Daniel Libeskind가 설계한 메모리파운데이션스Memory Foundations가 우승작으로 선정되었다. 이 설계안에서 쌍둥이 빌딩이 서 있던 자리에 배열된 타워 네 동은 프리덤타워 Freedom Tower에 가까워질수록 높이가 높아진다. 프리덤타워의 비대칭형 첨탑은 자유의 여신상에서 형상을 따왔고 미국이 독립을 선포한 해를 기념하는 의미에서 높이를 지상으로부터 541m(1,776피트)가 되게 올렸다.

설계

설계는 SOM 소속 건축가 데이비드 차일즈 David Childs가 맡았다. 리베스킨트의 프리덤 타워는 2006년 4월 원월드트레이드센터라는 그다지 애국심이 느껴지지 않는 명칭으로 이색적인 착공식을 열었다. 이후 데이비드 차일즈는 28만m² 대지에 진행하는 설계 프로젝트를 지극히 현대적인 방향으로 이끌었다. 타워를 사각 기단부와 위로 갈수록 좁아지는 몸체, 방향을 돌려놓은 상층부로 구성해 1884년에 워싱턴 D.C.에 건립한 워싱턴 기념탑의 모습이 넌지시 보이도록 했다.

외곽부 철골 프레임은 외부 수직면과 경사면을 감싸며 튜브 시스템을 이루고 있다.

시공 및 구조

안전

WSP글로벌의 아흐마드 라히미안Ahmad Rahimian과 동료들은 1.37m의 두꺼운 콘크리트 벽체 코어를 중앙에 놓고 건물 외곽을 고강도 철골로 두르는 복합 구조체로 원월드트레이드센터를 설계했다. 이 공법을 사용하면 구조체 한 쪽에 문제가 생겨도 다른 쪽에서 보완해줄 수 있는 여유도redundancy가 생긴다. 코어 부분에는 특별 피난계단을 설치하고, 로비에는 추가로 콘크리트 벽체를 60cm 두께로 세워 차량 폭탄 테러에 대비했으며, 지붕 근처 기계실에는 아우트리거outrrigger를 설치해 수평 하중에 대한 안정성을 높였다.

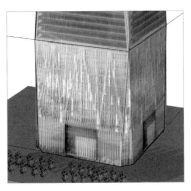

건물 하단의 콘크리트 육면체는 프리즘 유리 2,000여 장으로 마감되었다.

시공

대지에는 각종 난관이 많았지만 그중에서도 가장 골칫거리는 허드슨강광역철도Port Authority Trans-Hudson였다. 광역철도는 건물을 시공하는 동안에도 대지 아래를 가로지르며 운행했다. 원월드트레이드센터의 지하 4층 구조체를 지하 21m에 위치한 기반암에 닿게 하려면 광역철도 선로를 이리저리 피해서 시공해야 했다. 한편 지상에서는 근로자들의 편의를 위해 건물 코어부 앞쪽에 10층 높이의 철재 벽체를 세우고 그 위에 사물함과 화장실, 샌드위치 가게까지 딸린 선박용 컨테이너를 올려놓았다.

로 첨탑을 덮도록 설계했지만 2010년 가치공학value engineering을 실시하고 나서는 덮개를 제거했다. 첨탑은 미적이라기보다는 실용적이지만 국제초고층학회Council on Tall Building and Urban Habitat, CTBUH는 원월드트레이드센터의 첨탑을 건물의 일부로 보아 높이에 포함했다. 이로써 원월드트레이드센터는 서양에서 가장 높은 건물이 되었다.

첨탑

건물의 지붕 층 높이는 417m로 이는 예전 쌍둥이빌딩 중 큰 건물의 높이와 같아 상징성을 갖는다. 원월드트레이드센터의 첨탑은 지붕 층의 3단 원형 플랫폼 위에 놓여 있어 높이가 541m에 이른다. 데이비드 차일즈는 쉬라이치베르게르만파트너와 작업하며 유리 섬유 레이더 안테나 덮개인 레이돔radome으

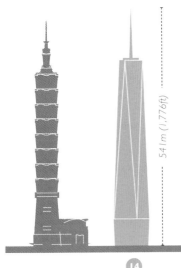

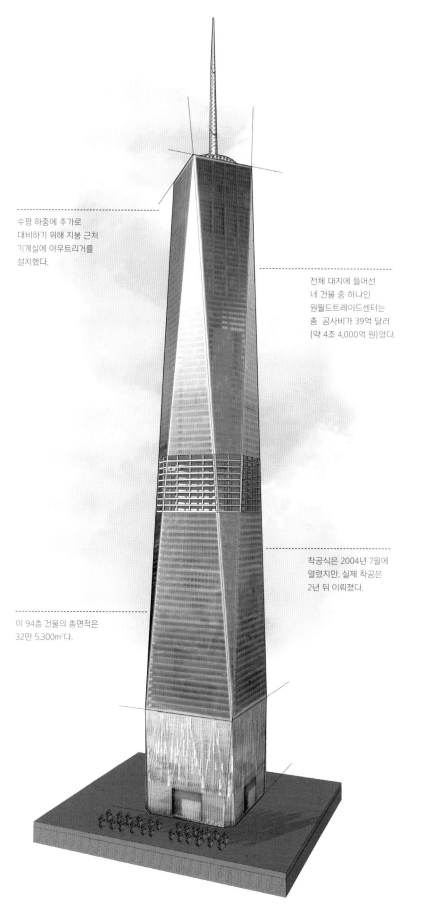

수평 하중에 추가로
대비하기 위해 지붕 근처
기계실에 아우트리거를
설치했다.

전체 대지에 들어선
네 건물 중 하나인
원월드트레이드센터는
총 공사비가 39억 달러
(약 4조 4,000억 원)였다.

착공식은 2004년 7월에
열렸지만, 실제 착공은
2년 뒤 이뤄졌다.

이 94층 건물의 총면적은
32만 5,300m²다.

토레코스타네라
TORRE COSTANERA

칠레 산티아고 • 2014년 • 300m • 62층 • 업무 시설

소유주/개발자 센코수드Cencosud • **건축가** 펠리클라크펠리아키텍츠Pelli Clarke Pelli
Architects,, 알렘파르테바레다이아소시아도스Alemparte Barreda Y Asociados

구조 설계 르네라고스엔지니어링René Lagos y Asociados • **특징** 남아메리카에 지은
첫 번째 초고층 빌딩이자 남아메리카에서 가장 높은 전망대

선명한 존재감

그란토레산티아고Gran Torre Santiago라는 이름으로 널리 알려져 있는 토레코스타네라는 칠레 수도 산티아고에서 두 번째로 높은 건물보다 100m 이상 높다. 빌딩은 도시 스카이라인 전역에 걸쳐 존재감을 선명하게 드러내는데, 그런 모습은 안데스 산맥을 배경으로 놓았을 때 더욱 뚜렷하다. 마포초Mapocho 강 인근에는 산티아고와 맨해튼을 합쳐 사람들이 '샌해튼'이라 부르는 금융 지구가 있는데 토레코스타네라는 바로 이곳에서 개발 중인 코스타레나센터Costanera Center에 있다.

코스타네라센터

코스타네라센터는 독일계 칠레 기업가 호르스트 파울만Horst Paulman이 경영하는 유통업체 센코수드가 개발했다. 이 센터는 2012년 개장한 남아메리카 최대의 쇼핑몰과 사무실, 호텔, 의료 시설 용도의 타워 4개 동으로 계획되었다. 그중 지금까지 실제로 지어진 건물은 높이 300m로 가장 높게 계획된 토레코스타네라가 유일하다. 센터 안 쇼핑몰은 캐나다 와트인터내셔널Watt International이 설계했고, 토레코스타네라는 아르헨티나계 뉴욕 건축가 시저 펠리César Pelli가 설계했다. 토레코스타네라는 2006년에 착공했지만 3년 뒤 경제 위기가 닥치면서 공사가 10개월 지연되었다. 게다가 다른 문제들도 진행을 방해해 칠레 독립 200주년을 맞은 2010년을 훌쩍 넘기고도 완공되지 못했다.

이 건물은 층고가 높다. 1층에서 10층까지는 6m이며, 11층부터 꼭대기 층까지는 4.1m다.

시공 및 구조

건물 형태

토레코스타네라는 정사각 평면을 위로 쭉 뽑아 올리는 등 몇 가지 변화를 준 뒤 단순한 상자형 건물에서 벗어났다. 첫째로 주변 풍경을 다른 각도로 반사하고 건물 네 면의 중앙부를 살짝 볼록하게 만들었다. 둘째로 건물 네 면의 유리벽을 모서리부에서 끊었다. 움푹 들어간 모서리부에는 자체 커튼월과 본체 쪽 커튼월을 45도 각지게 하여 따로 달았다. 셋째로 바닥 평면을 점점 줄여 건물 형태가 점차 좁아지게 만들었다. 그에 따라 건물 네 입면의 윤곽선이 위로 갈수록 좁아져 움푹 들어간 모서리 부위가 도드라져 보인다. 이 세 가지 변화 때문에 토레코스타네라는 서로 만나지 않는 독립된 입면으로 구성된 듯한 인상을 준다. 62층 전망대 위로 약 35m 뻗은 격자형 구조물이 이런 인상을 강화한다.

구조

남아메리카 최초의 초고층 빌딩 토레코스타네라의 주요 구조재는 철근콘크리트다. 건물 기둥은 한 면당 4개를 위층으로 갈수록 작아지도록 세웠는데, 이때 기둥과 건물 코어에 사용하기 위해 타설한 콘크리트양은 7만 2,000m³가 넘는다. 철재 보가 콘크리트와 금속 데크로 만든 바닥판을 지탱하지만, 철

36층에 위치한 스카이 로비와 61층과 62층에 위치한 스카이코스타네라 전망대 사이에는 2층 엘리베이터가 오르내린다.

재가 더 많이 쓰인 곳은 상부에 설치한 격자형 철제 구조물이다. 지하 5층을 포함한 전체 구조체는 콘크리트 총 1만 8,000톤을 타설해 만든 가로 세로 50m, 두께 3m의 온통기초mat foundation가 지탱한다. 칠레는 지진이 자주 발생하는 지역이어서 구조 설계 단계부터 횡력에 대한 안정성을 반드시 고려해야 한다. 토레코스타네라의 상층부는 바람이 시속 122km로 불어도 35cm밖에 흔들리지 않는다. 2010년 2월 진도 8.8 지진이 발생했을 때, 이 건물의 콘크리트 구조체는 골조 공사를 미처 끝내지 못한 상태에서 구조 성능을 시험받았다. 하지만 기록적인 강진에도 구조체가 아무런 손상을 입지 않았다. 남아메리카에서는 초고층 빌딩을 지어본 적이 없었기에 당시 지진이 건물의 안정성을 따져볼 기회이기도 했다.

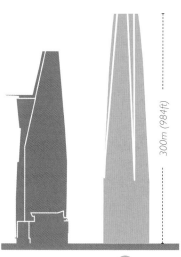

300m (984ft)

SOUTH AMERICA

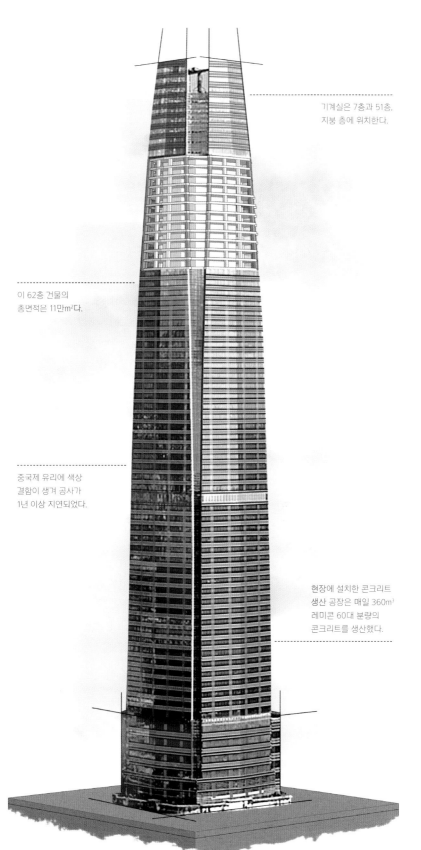

기계실은 7층과 51층,
지붕 층에 위치한다.

이 62층 건물의
총면적은 11만m²다.

중국제 유리에 색상
결함이 생겨 공사가
1년 이상 지연되었다.

현장에 설치한 콘크리트
생산 공장은 매일 360m³
레미콘 60대 분량의
콘크리트를 생산했다.

토레아그바르
TORRE AGBAR

스페인 바르셀로나 • 2004년 • 144m • 35층 • 업무 시설

소유주/개발자 라예타나리얼에스테이트Layetana Real Estate • **건축가** 아틀리에장누벨

Ateliers Jean Nouvel, b720 페르민바스케스아키텍토스b720 Fermín Vázquez

Arquitectos • **구조 설계** 로베르트브루파우건축사무소Robert Brufau i Associats; Brufau, Obiol,

Moya i Associats • **특징** 바르셀로나에서 세 번째로 높음. 도시 내 모든 건물은 안토니오

가우디Antoni Gaudí 가 설계하고 1882년 이래 현재까지 공사 중인 사그라다파밀리아

Sagrada Familia의 최고 높이보다 낮음

샘솟는 유체

프랑스 건축가 장 누벨은 자신의 웹사이트에서 바르셀로나수자원공사Sociedad General de Aguas de Barcelona (아그바르Agbar) 사옥인 토레아그바르를 '타워나 고층 건물이 아니라 솟아오르는 기이한 존재… 간헐 온천처럼 땅을 뚫고 샘솟는 유체'라고 표현했다. 이 타원형 건물은 누가 봐도 고층 건물이지만, 토레아그바르가 바로셀로나 지역에 깨끗한 물을 공급하는 회사라는 점을 생각하면 장 누벨의 비유에도 일리가 있다. 아그바르는 2015년 사옥을 이전하면서 2017년 초에 이 건물을 매각했다. 하지만 토레아그바르는 형태와 구조, 색채 표현으로 여전히 특별한 존재감을 드러낸다.

형태

토레아그바르는 같은 해에 완공된 30세인트매리액스30 St. Mary Axe (84쪽)와 놀라울 정도로 외관이 비슷해서 늘 비교 대상에 올랐다. 13년이 지난 지금도 두 건물을 비교하지 않고 넘어가기란 어렵다. 시티오브런던City of London에 노먼 포스터Norman Foster가 설계한 30세인트메리액스는 건물 코어가 원형 평면

상 중심에 위치하지만 토레아그바르는 계란형 건물 코어가 타원형 평면상 한쪽에 치우쳐 있다. 토레아그바르는 바르셀로나의 주요 쇼핑 거리인 디아고날 거리Avinguda Diagonal 근처 상업 지구 안 글로리에스카탈라네스광장Plaça de les Glòries Catalanes에 있다. 건물의 위치는 건물의 평면 형태에 영향을 주었으며 평면 축이 북서쪽에 있는 산을 넌지시 향하는 계기가 되었다.

투명 유리로 덮은 건물 상층부에는 고위 간부들의 사무실이 자리한다.

시공 및 구조

구조

30세인트메리액스와 토레아그바르는 구조체를 표현하는 방식에서도 차이를 보인다. 30세인트메리액스가 대각선 지지대를 반복적으로 사용한 다이아그리드diagrid 구조를 당당하게 드러내는 것과 달리, 토레아그바르는 50cm 두께의 콘크리트 껍질을 유리와 알루미늄으로 마감한 파사드 뒤에 숨겼다. 또한 30세인트메리액스는 철골 구조 덕분에 건물 중간부에서 살짝 부풀었다가 위에서 다시 좁아지는 형태를 취할 수 있었지만, 토레아그바르는 타원형 콘크리트 구조체여서 지하 4층에서 지상 25층까지 수직으로 뻗어 올라가다가 철골 돔 부위에서 서서히 좁아지며 한 점으로 수렴한다. 구조적으로 토레아그바르의 외부 콘크리트 벽체는 콘크리트 코어와 연동한다. 외벽과 내벽은 경량 데크플레이트를 깔고 시공한 콘크리트 바닥판과 허니콤 보honeycomb beam로 연결된다. 외벽과 내벽 타설에는 특허 받은 클라이밍 폼climbing form을 이용했다. 클라이밍 폼 작업에는 한 층짜리 거푸집과 미리 조립한 철근망, 코어 중앙에 설치한 콘크리트 펌프를 사용했다. 지상 25층 위쪽에는 건물 코어에 프리스트레스 콘크리트prestressed concrete 바닥판을 캔틸레버처럼 부착했는데 그 상태로도 아래층이 우아하게 덮인다. 마치 유리 지붕을 씌운 격납고에 보관된 미사일 같은 모습이다.

색채

총알을 닮은 두 건물의 가장 두드러지는 차이는 장 누벨이 색채를 무척 과감하게 사용했다는 점이다. 콘크리트 외벽은 창문 개구부 4,400개가 다양한 형태로 뚫려 있으며, 2개의 층에 싸여 있다. 안층은 다시 단열재 층과 공기 층, 알루미늄 주름판으로 이뤄져 있고, 안층과 조금 떨어진 바깥층에는 수직 알루미늄 틀에 유리 루버가 달려 있다. 알루미늄 주름판은 색채를 표현하는 캔버스다. 저층부에서 주로 빨간빛이 나타나다가 상층부 유리 돔에 가까울수록 '점차' 흰색과 파란색이 나타난다. 장 누벨은 건물이 유리 돔에

파사드 일부에는 태양광 패널이 달려 있다.
창문 앞에 달린 루버는 센서로 작동된다.

이르러 하늘에 나타난 신기루처럼 흐릿하게 보이도록 만들고 싶었다고 한다. 그런 효과를 증진하는 유리 루버는 한낮의 직사광선을 누그러뜨리는 동시에 재질의 특성상 건물 외관에 은은한 인상을 부여한다. 하지만 밤이 되어 LED 조명이 파사드를 비추는 순간 토레아그바르에는 색채의 향연이 펼쳐진다. 이는 바르셀로나에서 가장 유명한 건축가 안토니오 가우디의 건축을 현대적인 방식으로 풀어낸 것이다.

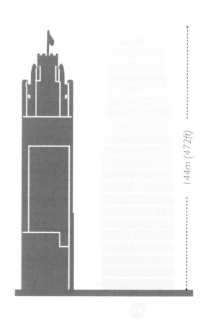

144m (472ft)

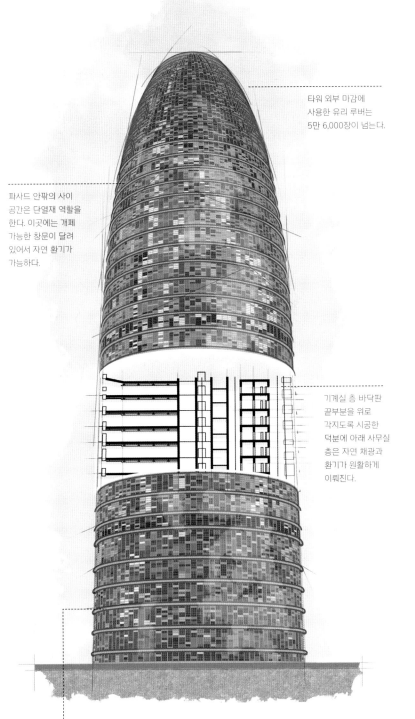

타워 외부 마감에
사용한 유리 루버는
5만 6,000장이 넘는다.

파사드 안팎의 사이
공간은 단열재 역할을
한다. 이곳에는 개폐
가능한 창문이 달려
있어서 자연 환기가
가능하다.

기계실 층 바닥판
끝부분을 위로
각지도록 시공한
덕분에 아래 사무실
층은 자연 채광과
환기가 원활하게
이뤄진다.

이 35층 건물의 총면적은
4만 7,500㎡다.

토레세프사
TORRE CEPSA

스페인 마드리드 • 2008년 • 248m • 49층 • 업무 시설

소유주/개발자 폰테가데아인모빌리아리아Pontegadea Inmobiliaria, 방키아Bankia, 카뎀알쿠바이시

Khadem al-Qubaisi, 렙솔YPF Repsol YPF • **건축가** 포스터앤드파트너스Foster+Partners

구조 설계 할버슨앤드파트너즈Halvorson and Partners • **특징** 스페인에서 두 번째로 높은 건물이며

근처에 위치한 토레드크리스탈Torre de Cristal보다 1m 낮음

고층 건물 4개 동

'스포츠 도시'라는 뜻의 시우다드스포르티바 Ciudad Sportiva는 축구 명문 레알마드리드가 수십 년 동안 훈련 시설로 사용하던 곳이다. 마드리드 북부 외곽에 위치한 이곳까지 도시 가 팽창하자 인근에는 상업 지구로 개발할 너 른 땅이 필요했다. 2000년 초반 시우다드스 포르티바는 고층 건물 4개 동이라는 뜻의 콰 트로토레스Cuatro Torres 업무 지구가 들어설 곳으로 결정되었다. 부동산 개발업체 네 곳 이 각각 타워 하나씩 맡아 개발했는데, 그중 가장 돋보이는 건물은 포스터앤드파트너스 가 설계한 렙솔YPF였다.

소유주 변경

이 건물은 원래 석유 기업 렙솔이 사옥으로 사용할 예정이었지만, 완공을 앞둔 2007년 스페인에서 가장 오래된 저축 은행인 카하마 드리드Caja Madrid에 매각된다. 2010년 카하 마드리드가 다른 여러 은행과 합병되자 토레 방키아Torre Bankia라고 불리다가 2013년 또 다른 석유 기업인 세프사Cepsa와 8년간 임 대 계약을 맺고 토레세프사라고 불린다. 3년 뒤 토레세프사는 유럽 최고의 거부 아만시오 오르테가Amancio Ortega의 부동산 회사에 다 시 매각되지만 기존 임대 계약자의 상호를 건 물 명칭으로 그대로 유지한다.

공간의 융통성

토레세프사는 층마다 바닥판이 막히지 않고 탁 트여 있는 편이어서 다양한 회사나 거주자 를 수용하기에 좋다. 이런 구조가 가능한 이 유는 코어(엘리베이터, 계단실, 화장실이 위 치)를 사각 평면상에서 동쪽과 서쪽 끝에 배 치했기 때문이다. 실제로 두 코어는 거대한 두 다리가 사무실 바닥판을 중간에 끼고 있는 듯한 모습으로 서 있다. 두 '다리'는 꼭대기에 서 만나 아치 형태를 이룬다. 초기 설계안에 서는 아치 아래 개구부에 풍력발전기를 설치 할 계획이었다고 한다.

지상에서 높이 22m까지는 아트리움이다.

시공 및 구조

구조

개구부에는 처음 계획대로 풍력발전기를 설치하지는 않았지만 그 자체로 바람이 가하는 수평 하중을 줄이는 역할을 한다. 수직 하중은 지하 5층 아래의 온통기초에서부터 건물 꼭대기까지 뻗어 있는 우람한 콘크리트 코어가 담당한다. 업무 시설은 11개 층, 12개 층 그리고 다시 11개 층으로 나뉘는 세 부위 철골조 안에 배치되었다. 각 층은 그 사이 기계실 층에 설치한 비렌딜 트러스에 의해 지탱된다. 이는 업무 시설 층의 하중을 양측에 있는 코어로 전달한다. 또 코어와 메가프레임 megaframe을 이뤄 건물의 구조를 강화한다. 할버슨앤드파트너스는 구조체에 여유도를 부여하여 트러스를 구성하는 부재에 국부적으로 문제가 생긴다고 해도 전체적인 안정성에는 문제가 없도록 설계했다.

파사드

토레세프사의 공간적 융통성과 구조적 논리성은 건물 외장재에서 더욱 두드러진다. 코어와 건물 상부에는 스테인리스스틸 판재를, 캔틸레버 형태로 돌출된 사무실 층에는 햇빛을 차단하는 삼중창을 썼다. 높이가 22m인 투명 유리 로비에는 유리벽으로 감싼 강당이 공중에 '떠' 있다. 기계실 층은 오목하게 들어간 데다 짙은 색 루버가 달려서 셋으로 나뉜 사무실 층을 더욱 또렷하게 드러낸다. 밤이 되면 건물 코어와 유리 파사드 쪽에 색색의 조명이 들어와 사람들의 시선을 끈다.

건물 소유주가 결정을 내리면 사무실 층 위쪽 공간에 풍력발전기가 설치된다. 풍력발전기는 건물 전력 소비량을 상당 부분 충당할 것이다.

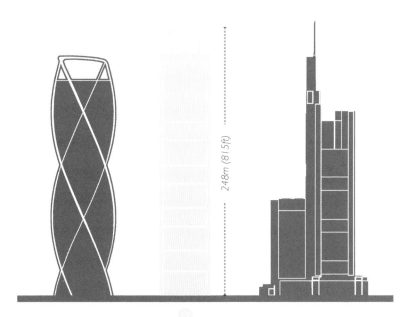

248m (815ft)

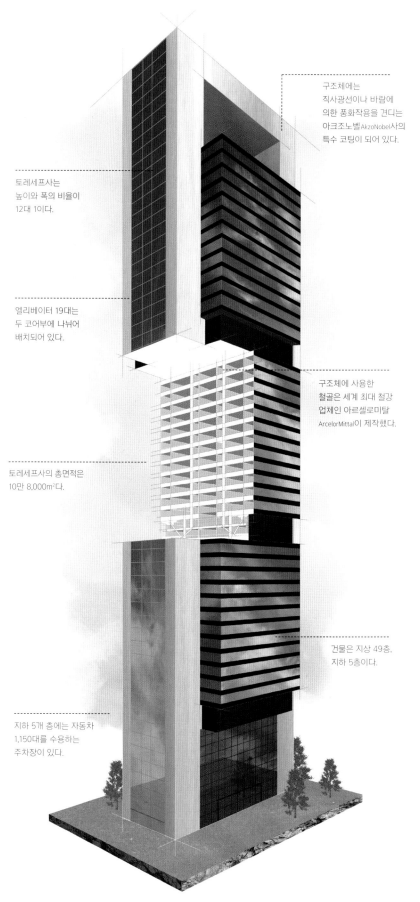

구조체에는
직사광선이나 바람에
의한 풍화작용을 견디는
아크조노벨AkzoNobel사의
특수 코팅이 되어 있다.

토레세프사는
높이와 폭의 비율이
12대 1이다.

엘리베이터 19대는
두 코어부에 나뉘어
배치되어 있다.

구조체에 사용한
철골은 세계 최대 철강
업체인 아르셀로미탈
ArcelorMittal이 제작했다.

토레세프사의 총면적은
10만 8,000m²다.

건물은 지상 49층,
지하 5층이다.

지하 5개 층에는 자동차
1,150대를 수용하는
주차장이 있다.

센터포인트
CENTRE POINT

영국 런던 • 1966년 • 117m • 34층 • 주거 시설(초기에는 업무 시설)

소유주/개발자 해리 하이엄스Harry Hyams, 알마캔터Almacantar

건축가 리처드세이퍼트앤드파트너스Richard Seifert & Partners, 릭마서아키텍츠Rick Mather Architects, 콘랜앤드파트너스Conran & Partners • **구조 설계** 펠 프리쉬먼Pell Frischmann

특징 당시 프리캐스트 콘크리트로 지은 건물 중에서 가장 높았으며 랜드마크로 지정

대지의 내력

이름에서 알 수 있듯이 센터포인트는 런던 중심부인 캠던Camden 지구 내 세인트자일스 서커스St. Giles Circus에 있다(뉴옥스포드New Oxford 거리와 채링크로스Charing Cross 거리, 토트넘코트Tottenham Court 거리가 교차하는 곳). 완공 당시에는 34층 오피스 빌딩과 인접한 아파트 36세대, 바깥과 차단된 채 두 건물을 길 위로 이어주는 다리로 구성되었다. 센터포인트 바로 옆에는 토트넘코트 거리 지하철역이 있다. 이 역은 2018년에 개통 예정인 엘리자베스 라인Elizabeth Line선의 정차장으로 사용될 예정이다.

민관합작

1950년대 중반 런던 시의회는 세인트자일스서커스에 버스 회차장이 필요하다고 판단했다. 시의회는 개발 대지와 사업비 마련을 위해 민간 부동산 개발업자인 해리 하이엄스 올덤에스테이츠Oldham Estates 대표와 협약을 맺었다. 해리 하이엄스는 민관합작을 맺은 덕분에 개인적으로 사업을 추진할 때보다 건물 총면적을 2배로 늘릴 수 있었다. 그는 개발을 성사시키고자 대지 매입을 완료하지도 않은 상태에서 건축 허가용 설계안을 빨리 작성해달라며 건축가를 재촉했다. 그런 추진 방식은 논란을 불러일으켰다. 엎친 데 덮친 격으로 그가 수주했던 버스 회차장 사업마저 무산되었다. 결국 하이엄스는 센터포인트를 완공하고도 거의 10년 동안 이 지역의 임대료가 기대 수준으로 오르기까지 건물을 비워놓아야 했다.

평탄한 지붕 층 아래 센터포인트라는 글씨가 건물 한 층 높이로 쓰여 있다.

시공 및 구조

리처드 세이퍼트

사업 초기에 논란을 불러일으켰던 센터포인트는 수십 년이 지난 1995년, 2급 등록 문화재에 올라 철거나 보수 시 당국의 특별 허가를 받아야 하는 건물이 되었다. 이곳이 문화재로 등재된 것은 브루탈리즘brutalism 건축의 매력을 재조명하고 리처드 세이퍼트의 작품을 재평가한다는 의미였다. 리처드 세이퍼트는 주로 상업 시설을 설계하는 건축가로 1960년대와 1970년대에 해리 하이엄스와 협업해 런던의 도시 경관을 상당 부분 바꿔놓았다. 세이퍼트가 운영하는 건축사무소에서 센터포인트 설계를 맡은 건축가는 조지 마시George Marsh였다. 그는 리처드 세이퍼트가 초기 안으로 내놓은 유리 건물을 콘크리트를 사용한 걸작으로 탈바꿈했다.

건물 코어가 좁은 평면상 끄트머리에 위치한다. 덕분에 건물 중심부가 제법 탁 트여 여러 세대를 수용할 수 있다.

콘크리트 파사드

건물의 하중을 지탱하는 콘크리트 구조체는 평면이 좁고 측면이 볼록해서 흡사 1958년에 밀라노에 지은 피렐리타워Pirelli Tower와 유사하다. 구조체 외부에는 프리캐스트 콘크리트 부재를 격자형으로 붙였다. 프리캐스트 부재는 알파벳 T를 거꾸로 뒤집은 모양이며 수직부는 평평하고 수평부는 뒤로 움푹 들어간 창문으로 각져 있다. 파사드에 반복적으로 나타나는 형태 때문에 건물의 네 입면은 다면적인 인상을 주며, 평면상 네 귀퉁이와 폭이 좁은 파사드 쪽 각진 면에 창문을 비스듬히 달 수 있다. 건물을 떠받치는 6개의 거대한 기둥인 콘크리트 필로티pilotis는 중간 부분이 움푹 들어간 형태로, 본체 프리캐스트 부재의 형태를 되풀이하고 있다.

주거 시설의 변신

리처드 세이퍼트가 런던에 지은 고층 건물은 대개 업무 시설이었고 20세기 중반에는 일반적인 경향이었다. 하지만 센터포인트처럼 평면이 좁은 건물은 주거 시설에 더 적합하다. 2011년에 센터포인트를 매입한 부동산 개발업체 알마캔터는 건물 외관은 그대로 유지한 채 82세대가 거주하는 아파트로 재단장했다. 계획안에 따르면 앞으로 4,180m² 면적의 식당가도 들어선다. 건물 재단장을 맡은 릭마서아키텍츠(주거 시설 인테리어는 테렌스 콘랜Terence Conran이 운영하는 사무소가 담당)는 대지를 가로지르는 거리를 없애고 보행자용 광장을 조성하기로 했다. 이로써 1960년대부터 오랫동안 잡음이 끊이지 않던 문제가 또 하나 해결되었다.

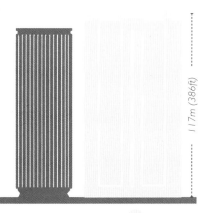

117m (386ft)

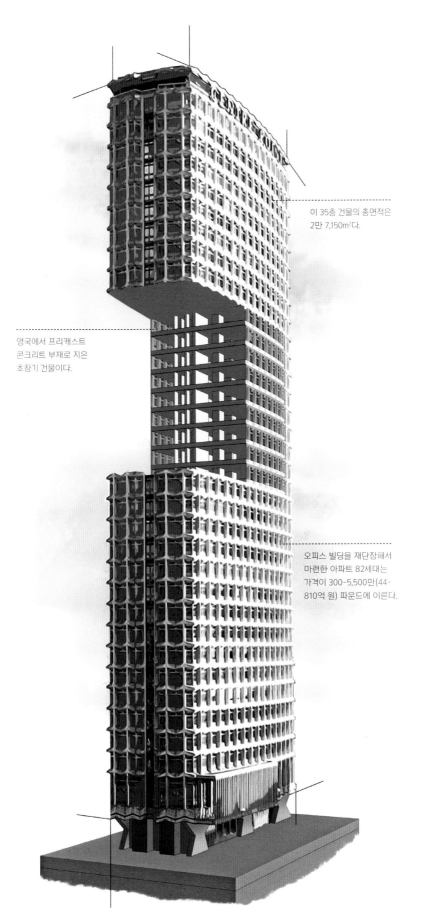

이 35층 건물의 총면적은
2만 7,150m²다.

영국에서 프리캐스트
콘크리트 부재로 지은
초창기 건물이다.

오피스 빌딩을 재단장해서
마련한 아파트 82세대는
가격이 300~5,500만(44~
810억 원) 파운드에 이른다.

로이즈빌딩
LLOYD'S BUILDING

영국 런던 • 1986년 • 95m • 14층 • 업무 시설

소유주/개발자 런던로이즈Lloyd's of London, 핑안보험Ping An Insurance

건축가 리처드로저스파트너십Richard Rogers Partnership • **구조 설계** 에이럽Arup

특징 2011년 가장 최근에 지어진 1급 등록 문화재로 등재, 자사 상호를 붙인
로이즈가 빌딩을 2005년에 매각, 2013년에 다시 핑안보험에 매각됨

역사적 배경

로이즈보험은 325년 이상 보험업에 종사해왔다. 처음에는 런던의 한 커피숍에서 보험업을 시작했으나 그 후 왕립 증권거래소 Royal Exchange로 거처를 옮겼다. 1928년 들어 첫 번째 사옥으로 이전했고 30년 뒤에는 사옥을 확장했다. 1977년에는 시설을 현대화하고 업무 시설을 추가로 확보해야 하는 상황에 이르렀다. 결국 로이즈보험은 영국의 역사적 중심지인 라임Lime 거리에 새 사옥을 건립하기로 하고 12명의 건축가를 초빙해 설계 공모전을 열었다. 당시 리처드 로저스Richard Rogers는 렌조 피아노Renzo Piano와 함께 파리에 퐁피두센터Centre Pompidou를 막 완공한 참이었다. 리처드 로저스는 설비 시설을 파사드 밖으로 노출해 업무 공간의 활용성을 높인 하이테크 설계안을 선보이며 공모전의 우승자로 선정되었다.

설계 개요

리처드 로저스와 동료들은 사다리꼴 대지 중간에 아트리움이 딸린 사각 공간을 놓고는 이곳과 대지 경계선 사이에 설비 타워 6개 동을 배치했다. 3개 동은 소화 시설과 계단실을 담당하고, 나머지 3개 동은 엘리베이터와 화장실, 수직관을 담당했다. 대칭이던 평면은 각 설비 타워의 위치 때문에 비대칭이 되었다. 이 비대칭형은 복잡한 주변 시설 때문에 더욱 도드라져 언뜻 봐서는 전체 형태를 파악하기가 어렵다. 철재와 콘크리트와 유리로 만든 구조체를 기다랗게 세워놓은 모습으로 보일 뿐이다. 건물 한 쪽에는 1928년에 지은 사옥의 파사드가 남아 있다. 이처럼 전통과 현대를 기묘하게 병치하는 방식은 지하에 재현한 18세기 만찬장과 건물 1층에 놓인 루틴호의 종에서도 나타난다. 이 종은 1779년 난파선 루틴호에서 인양한 종으로 중대한 일이 있을 때 이를 알리기 위해 사용했던 것이다.

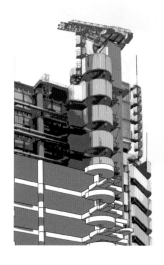

설비 타워에 얹힌 푸른색 크레인은 건물 공사용으로 잠시 설치한 것이었지만 종국에는 완성된 건물의 일부로 포함되었다.

시공 및 구조

구조

리처드 로저스는 에이럽의 엔지니어 피터 라이스Peter Rice와 퐁피두센터를 지었다. 두 사람은 로이즈빌딩도 퐁피두센터와 유사한 철골 구조로 계획했다. 그런데 런던 소방청이 철골조가 아닌 콘크리트조로 지어야 한다고 요구해왔다. 둘은 이를 수긍하고 '영국에서 가장 훌륭한 콘크리트조 건물'을 짓기로 했다. 먼저 철근콘크리트 기둥을 10.7m 간격으로 외벽 바깥과 천장까지 트인 아트리움의 가장자리에 배치했다. 하중을 바닥에서 기둥으로 전달해주는 프리스트레스prestress 역 U형 보는 프리캐스트 콘크리트 받침대와 '멍에'로 지탱했다. 이때 철재도 일부 사용했다. 파사드에는 사선 방향 보강재로 콘크리트 충전 강관이, 아트리움 지붕에는 강관이 쓰였다. 아트리움 지붕은 볼트vault형이어서 조지프 팩스턴Joseph Paxton이 1851년에 지은 수정궁Crystal Palace과 닮았다.

시공

기초 공사는 1981년 6월에 시작했다. 공사는 총 66개월이었고 로이즈보험 소속 직원들은 1986년 부활절에 새 사옥에 입주했다. 공사 기간 단축을 위해 철제 계단과 화장실에 프리패브prefab 부재를 사용했다. 로저스는 각종 시설과 설비의 확장을 고려해 이중 바닥raised floor이나 기타 수단을 세심하게 고려했다. 하지만 시공 중에 전기 통신 및 전력 시설을 추가해야 하는 상황이 발생했다. 결국 설비 타워 위에 기계실을 신설했고 건물 상부가 애초 계획보다 크고 무거워졌다.

리처드 로저스가 미친 영향

로이즈빌딩이 들어선 뒤 오피스 빌딩 건설 붐은 동쪽 신도시 도크랜즈Docklands로 옮겨가더니 최근에 다시 시티오브런던으로 돌아왔다. 현재 로저스가 선보인 하이테크 건물 주변에는 수많은 고층 건물이 들어서 있다. 그가 선사한 건물은 로이즈뿐 아니라 도시 전체를 21세기로 이끌었다. 로이즈빌딩이 지어진 이래 도시는 계속 새로워지고 있다.

로이즈빌딩에는 스테인리스스틸 외장재 3만m²와 유리 1만 2,000m²가 사용되었다.

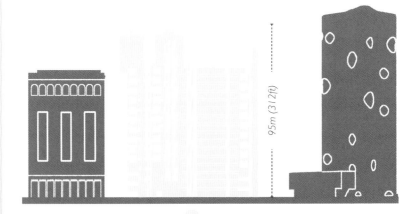

95m (312ft)

이 14층 건물의 총면적은
5만 5,000m²다.

건물은 7층 남쪽에서
14층 북쪽을 따라
계단형을 이루며
아트리움으로
자연광이 든다.

건물 주변부에 배치한
계단실, 화장실 등
부속 시설은 루이스 칸
Louis Kahn의 주 공간과
보조 공간served and
servant 개념을 하이테크
양식으로 변환한 것이다.

구조체에 사용한 콘크리트는
3만 3,510m³다.

30세인트메리액스
30 ST. MARY AXE

영국 런던 • 2004년 • 180m • 40층 • 업무 시설
소유주/개발자 에반스 랜들Evans Randall, IVG, 스위스재보험Swiss Reinsurance
건축가 포스터앤드파트너스 • **구조 설계** 에이럽 • **특징** 세계 최초로 건물 전체에 다이아그리드
구조를 채용했으며 2004년 영국왕립건축가협회RIBA가 수여하는 스털링상Striling Prize 수상,
오이지Gherkin라는 별명으로 널리 알려짐

역사적 배경

런던의 명소이자 현대 건축의 대명사 30세인트메리액스는 비극적인 사건을 딛고 건립되었다. 1992년 북아일랜드 공화국군Irish Republican Army, IRA은 1903년에 완공된 유서 깊은 발트해운거래소Baltic Exchange 건물을 폭파했다. 복구가 어려울 정도로 손상을 입은 거래소는 철거되었고 런던 금융 지구에는 공백이 생겼다. 영국계 대기업인 트라팔가하우스Trafalgar House는 이 대지를 매입하고 밀레니엄타워Millenium Tower라는 초고층 빌딩을 세우려 했지만 난항을 겪었다. 그러다 1998년 이곳에 본사 건물을 짓고자 하는 스위스재보험에 대지를 매각했다. 스위스재보험은 노먼 포스터에게 설계를 맡겼다. 작업에 착수한 그는 발트해운거래소 철거로 생긴 공간의 일부를 그대로 남겨두고자 했다.

건물 형태

대중에게 '오이지'라는 별명으로 알려지기는 했지만, 이 건물의 형태는 총알에 더 가깝다. 평면이 원형인 이 40층 건물은 1층 바닥에서부터 6층까지 모양이 불룩해지고, 21층까지는 바닥판 지름이 조금씩 늘어나다가 이후

로는 꼭대기에 이를 때까지 우아하게 줄어든다. 이 전례를 찾아보기 힘든 형태는 공기역학과 광장의 사용성을 고려해 얻은 결과물이다. 노먼 포스터에 따르면 고층 건물을 직각으로 세웠을 때 건물 주위에 하강기류와 소용돌이가 생기지만, 건물을 원형으로 세우면 바람이 한쪽으로 쏠리는 현상이 감소한다. 그러면 광장은 강풍 때문에 사용하지 못하는 곳이 아니라 머물기에 쾌적한 장소가 된다.

판유리 뒤로 나선형으로 뻗어 올라가는
공간이 있어서 자연 환기가 이뤄진다.

시공 및 구조

구조

30세인트메리액스는 원형 타워의 시초는 아니다. 하지만 구조체를 다이아그리드로 둘러싼 최초의 건물이다. 다이아그리드 구조는 일반적이거나 경제적인 공법이 아니다. 사선재가 다이아몬드형을 이루기 때문에 전통적인 기둥 보 방식의 외관과도 거리가 멀다. 일반 철골 구조에 비해 철골 사용량이 20% 낮은 데다 수직 하중과 수평 하중을 모두 부담하기 때문에 건물 중심부가 구조체의 역할을 맡지 않아도 된다. 다이아그리드 구조체는 건물 2층 높이의 강관을 교차시키는 방식으로 만드는데, 이때 생기는 교차점은 건물 형태에 따라 높이가 다르다. 구조체 중간중간 설치한 원형 부재가 사선재가 밖으로 튀어나가지 않도록 잡아주며, 원형 보가 외부 프레임과 철골조 코어를 결속한다.

바닥판

위로 좁아지는 원통형 외관에 다이아그리드 구조체를 결합하자 바닥판이 V자로 잘려나가는 면이 건물을 나선형으로 타고 올라가며 나타났다. 이 절단면은 층마다 여섯 곳씩 나타나지만 간혹 사용 공간을 늘리기 위해 그 자리를 바닥판으로 덮은 곳도 있다. 건물 꼭대기의 지오데식 유리 돔geodesic dome 아래에는 레스토랑과 회원제 클럽이 있다.

환기

건물을 나선형으로 감싸며 나타나는 V자 절단면은 독특한 외관을 연출한다. 절단면이 이어지는 부분은 자연 환기를 위해 꼭 필요한 공간으로, 노먼 포스터의 팀원들과 에어럽과 협업해 완성한 것이다. 개폐 가능한 창문을 통해 건물 내로 흘러들어온 공기는 각 층 바닥판 사이로 유입되거나 건물 밖으로 배출되기도 한다. 이 자연 환기법은 노먼 포스터가 프랑크푸르트에 코메르츠방크타워Commerzbank Tower(92쪽)를 지으면서 검토했던 개념인데, 30세인트메리액스를 지을 때 소규모로 적용했다. 건물을 덮고 있는 유리는 2개 층으로 나뉜다. 하나는 바깥쪽의

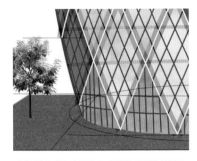
1층을 빙 둘러싼 아케이드는 광장을 확장한 듯하다.

단열 유리 층이고, 다른 하나는 안쪽의 홑겹 미닫이 유리벽 층이다. 2개 층 사이의 통풍 공간에는 조절 가능한 차양이 달렸고 바깥에 난 틈으로 공기가 드나들며 건물의 공기 순환을 돕는다. 이러한 친환경적인 설계 방식 덕분에 30세인트메리액스는 기계 설비에 의존하는 일반 건물보다 에너지를 절반만 사용한다. 에너지 절약은 혁신적인 형태를 고집한 또 다른 이유였다.

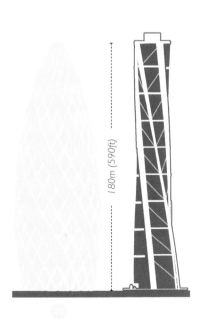
180m (590ft)

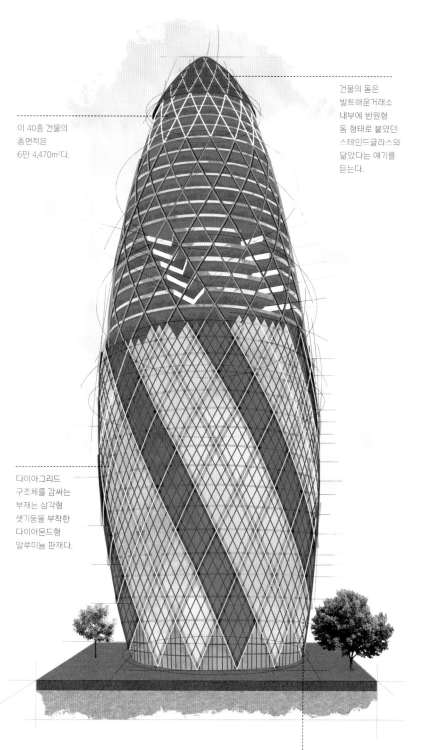

이 40층 건물의
총면적은
6만 4,470m²다.

건물의 돔은
발트해운거래소
내부에 반원형
돔 형태로 붙였던
스테인드글라스와
닮았다는 얘기를
듣는다.

다이아그리드
구조체를 감싸는
부재는 삼각형
샛기둥을 부착한
다이아몬드형
알루미늄 판재다.

30세인트메리액스는
다이아몬드형 유리
2만 4,000m²로
마감되었다.

더샤드
THE SHARD

영국 런던 • 2013년 • 306m • 72층 • 주거 시설, 숙박 시설, 업무 시설
소유주/개발자 런던브리지쿼터London Bridge Quarter, 셀러프로퍼티그룹Sellar Property
Group, 카타르State of Qatar • **건축가** 렌조피아노빌딩워크숍Renzo Piano Building Workshop,
애덤슨어소시에이츠Adamson Associates • **구조 설계** WSP글로벌 • **특징** 집필 시점을 기준으로
서유럽에서 가장 높은 건물

대지

'뾰족한 조각'이라는 뜻의 더샤드는 옛 이름인 런던브리지타워London Bridge Tower보다 직관적이어서 기억하기가 좋다. 더샤드는 서더크자치구Southwark borough에 있는 런던브리지 복합 시설 내 세 건물 중에서 가장 높다. 더샤드 바로 옆에는 런던브리지역이 있는데, 역에서 복합 시설의 명칭을 따왔을 뿐 아니라, 접근성과 교통 면에서도 도움받고 있다. 더샤드가 48개 주차 구획만으로 무리 없이 운영되는 건 런던브리지역 덕분이다. 이곳에 살거나 근무하는 사람이 8,000명이라는 점을 고려하면 놀라운 사실이다.

복합 용도

새 천년을 맞은 지 얼마 안 됐을 무렵, 부동산 개발업자 어빈 셀러Irvine Sellar가 런던시에 제안을 했다. 런던에서 가장 높은 타워를 짓자는 것이었다. 당시 시장이던 켄 리빙스턴Ken Livingston은 도심의 차량 이용률을 낮추기 위해 혼잡 통행료를 징수하고자 했다. 하지만 템스강 이남에서는 중심부가 아닌 곳에 접근성 좋은 복합 건물을 개발하길 원했다. 어빈 셀러와 그가 설계를 의뢰한 렌조 피아노는 피라미드형 타워에 상업 시설 3개 층, 사무실 25개 층, 식당가 3개 층, 호텔 17개 층, 아파트 13개 층, 전망대 4개 층을 쌓아 올리는 계획안을 내놓았다. 1년간 검토를 거쳐 런던에서 유례가 없는 고층 건물 설계안이 나왔고, 2003년 11월 드디어 건축 허가가 떨어졌다.

첨탑

더샤드는 때로 95층짜리 초고층 빌딩으로 소개되곤 하지만, 실사용 공간은 72층까지다. 이후 87층까지는 외부 계단으로 연결되어 있고, 그 위로는 캔틸레버형 유리벽이 뻗어 있다. 이 유리벽 첨탑 때문에 건물에 더샤드라는 명칭이 붙었다. 건물을 감싸는 이중 판유리는 건물 주출입구 캐노피에서부터 올라오는데, 서로 포개지면서 부등변 육각형 내지 칠각형의 평면을 넌지시 드러낸다. 첨탑 꼭대기를 올려다보면 건물이 하늘로 사라지는 듯한 느낌이 든다. 유리 첨탑이 계속 뻗어 간다면 실제 건물 높이보다 50m 높은 고도 360m 지점에서 만난다.

건물에서 발생하는 과도한 열은 실외 첨탑부 15개 층에 걸쳐 설치한 냉각 방열판을 통해 배출된다.

시공 및 구조

구조

더샤드는 저층부에 업무 시설, 그 위로 호텔과 아파트가 들어서야 했기에 구조 설계를 맡은 WSP는 복합 구조체를 고안했다. 건물 1층에서 40층까지는 철골조로, 40층에서 72층까지는 포스트텐션 콘크리트post-tensioned concrete조로, 꼭대기 첨탑은 철골조로 설계했다. 각 구조체에는 6m, 3m, 1.5m 간격으로 기둥을 세웠다. 중간부를 형성하는 콘크리트 구조체는 기능적으로나 구조적으로나 매우 중요했다. 호텔과 아파트는 상대적으로 층고가 낮아서 2개 층을 추가로 배치할 공간이 생겼고, 콘크리트라는 재료가 건물의 수평 방향 진동에 대한 댐퍼로 작용해 상층부에 동조 질량 댐퍼tuned mass damper를 설치할 필요가 없어졌다.

시공

더샤드는 전체 72층까지 올라오는 콘크리트 코어 중에서 1층부터 23층까지의 하층부를 타설한 다음에 20m 지하 터파기 공사를 완료했다. 당시 철골 공사에 활용한 톱다운top-down 공법은 가히 혁신적이었다. 덕분에

더샤드는 공사 기간이 4개월 단축되었다. 이 기간은 더샤드가 2012년 런던올림픽 전에 개장하느냐 마느냐를 가르는 시간이었다. 꼭대기 첨탑에 사용한 철재 460개는 미리 제작 조립된 상태로 들여왔다. 덕분에 높은 곳에서 첨탑을 설치하는 시간이 줄었고, 공사 기간이 또 한 번 단축되었다.

여덟 개의 경사 유리판에는 타워 주변 풍경이 조각난 모습으로 담긴다.

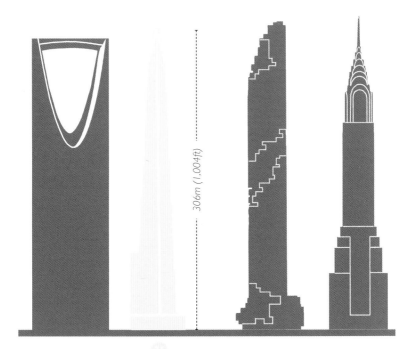

306m (1,004ft)

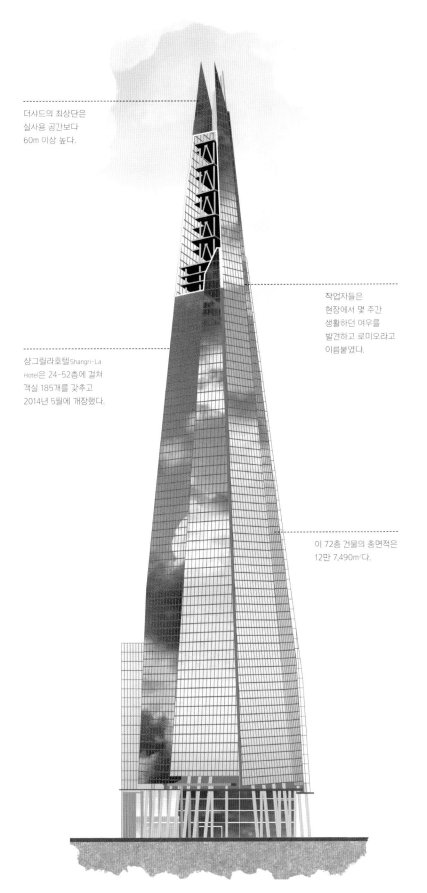

더사드의 최상단은
실사용 공간보다
60m 이상 높다.

상그릴라호텔Shangri-La
Hotel은 24-52층에 걸쳐
객실 185개를 갖추고
2014년 5월에 개장했다.

작업자들은
현장에서 몇 주간
생활하던 여우를
발견하고 로미오라고
이름붙였다.

이 72층 건물의 총면적은
12만 7,490m²다.

코메르츠방크타워
COMMERZBANK TOWER

독일 프랑크푸르트 • 1997년 • 259m • 56층 • 업무 시설
소유주/개발자 코메르츠방크Commerzbank • **건축가** 포스터앤드파트너스 • **구조 설계** 에이럽,
크렙앤드키퍼Kreb+Keifer • **특징** 1997년부터 2005년까지 유럽에서 가장 높은 건물로 세계
최초의 친환경 고층 건물이라는 평가를 받음

설계안

독일은 지속 가능한 건축 분야에서 세계를 선도하는 나라인 만큼 친환경적인 고층 건물의 본고장이기도 하다. 코메르츠방크타워는 프랑크푸르트의 빽빽한 금융 지구에 있는 코메르츠방크의 기존 사옥 옆에 위치한다. 1991년 설계 공모전에서 우승한 노먼 포스터는 이곳에 모든 직원이 자연광과 신선한 공기를 누릴 수 있는 건물을 설계했다. 이것이 가능했던 이유는 건물을 이중 외피로 덮고 최상층까지 뚫린 아트리움을 따라 하늘 정원을 배치했기 때문이다.

코어

19세기 후반 들어 고층 건물이 발전을 거듭하는 동안 평면 중앙부는 주로 건물 코어를 배치하고 주변부는 주거 시설을 배치했다. 반면 코메르츠방크타워는 자연 환기가 가능하도록 평면 중앙을 비워두고 대신 엘리베이터와 피난 계단실, 화장실이 딸린 건물 코어를 삼각 평면의 모퉁이에 나누어 배치했다.

구조

코어를 중앙에서 구석으로 옮겼기 때문에 수직 구조체 역시 바깥으로 이동했다. 에이럽의 구조 엔지니어들은 복합강 메가기둥 megacolumn 한 쌍을 삼각 평면 모퉁이에 벌려서 배치했다. 그러자 모퉁이의 둥그런 부위가 트였다. 이곳에 유리벽을 설치하니 엘리베이터 로비에 채광을 하고 회의실에서 도시 풍경을 한눈에 내려다볼 수 있게 되었다. 각 메가기둥은 8층 높이의 비렌딜 트러스를 통해 서로 연결되며, 이 트러스는 아트리움 모서리 기둥과 결속해 탁 트인 업무 시설 8개 층을 지탱한다.

삼각형 타워를 따라 나선형으로 배치한 하늘 정원에는 북아메리카, 아시아, 지중해에서 서식하는 다양한 식물을 심었다.

시공 및 구조

하늘 정원

건물의 각 면에는 사무실 8개 층과 하늘 정원 4개 층이 번갈아 나타난다. 하늘 정원은 건물을 따라 나선형으로 배치되어 있다. 층마다 삼각 평면의 세 변 중 두 변은 업무 공간으로 사용되고 나머지 한 변이 정원에 할당된다. 이곳은 사교 공간인 동시에 아트리움에서 정원과 도시 풍경을 바라보는 창구가 된다. 직원들은 휴식을 취하거나 가벼운 담소를 나누기 위해 언제든지 이곳에 출입할 수 있다.

자연 환기

코메르츠방크타워의 하늘 정원은 식물을 만날 수 있는 공간이다. 이곳은 삼각형 아트리움과 연동해 건물에 신선한 공기를 유입하고 탁한 공기를 배출하는 기능도 수행한다. 정원에 난 환기구로 유입된 외부 공기는 굴뚝 효과에 의해 저절로 위로 이동한다. 업무 시설 쪽 외부 유리벽은 이중으로 되어 있는데, 바깥에는 공기 유입을 조절하는 유입구가 있고 안쪽에는 개폐 가능한 창문이 달렸다. 아트리움 쪽에 면한 창문 역시 개폐할 수 있다. 건물은 자연 환기 시설뿐 아니라 기계 환기 장치도 갖추고 있지만 한 해 동안 건물 내에서 자연 환기를 하는 비율이 80%에 이른다.

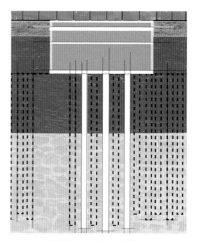

코메르츠타워빌딩의 메가기둥과 상부 구조체를 이루는 여러 부재는 100개가 넘는 대형 현장 타설 말뚝cast-in-place pile을 매설하고 그 위에 온통기초를 두껍게 놓은 뒤 시공되었다.

첨탑

건물이 완공된 1997년부터 2005년까지 코메르츠방크타워는 유럽에서 가장 높이 솟아 있었다. 타워는 비대칭을 이루는 상층부 때문에 더욱 인상적인 장면을 연출한다. 특히 다른 곳보다 더 높이 솟은 한쪽 코어에는 안테나가 길게 뻗어 있는데, 그 모습이 마치 지속 가능성의 빛을 비추는 것처럼 보인다.

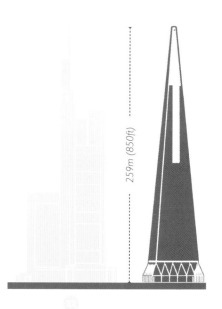

259m (850ft)

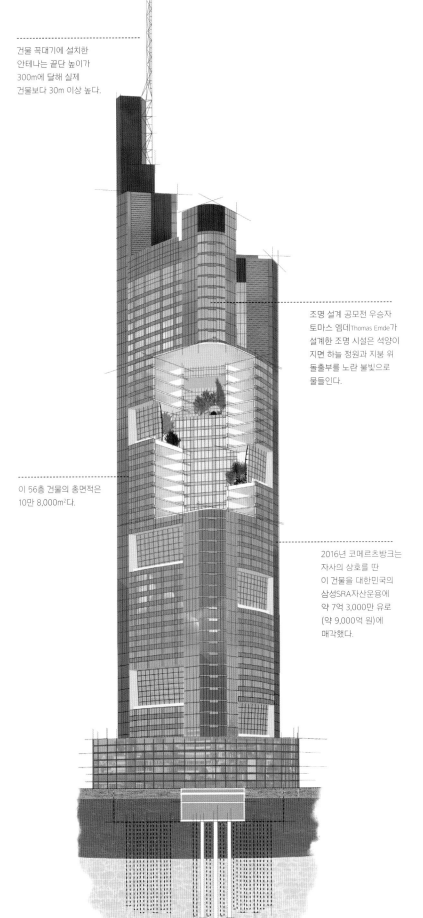

건물 꼭대기에 설치한
안테나는 끝단 높이가
300m에 달해 실제
건물보다 30m 이상 높다.

조명 설계 공모전 우승자
토마스 엠데Thomas Emde가
설계한 조명 시설은 석양이
지면 하늘 정원과 지붕 위
돌출부를 노란 불빛으로
물들인다.

이 56층 건물의 총면적은
10만 8,000m²다.

2016년 코메르츠방크는
자사의 상호를 딴
이 건물을 대한민국의
삼성SRA자산운용에
약 7억 3,000만 유로
(약 9,000억 원)에
매각했다.

피렐리타워
PIRELLI TOWER

이탈리아 밀라노 • 1958년 • 127m • 32층 • 업무 시설

소유주/개발자 피렐리Pirelli &C.SpA, 롬바르디아주Regional Government of Lombardia

건축가 지오 폰티Gio Ponti • **구조 설계** 피에르 루이지 네르비Pier Luigi Nervi, 아르투로 다누소
Arturo Danusso • **특징** 완공 당시 세계에서 가장 높은 콘크리트조 건물

위치

밀라노를 방문하는 사람들은 도심 북쪽에 있는 밀라노 중앙역을 빠져나오다가 피렐리타워와 마주한다. 저층 건물이 즐비한 이곳에 홀로 우뚝 솟아 있는 이 현대적인 오피스 빌딩은 얼핏 보면 주변과 어울리지 않아 보인다. 건물을 이런 형태로 짓게 된 데에는 이유가 있다. 1930년 밀라노 중앙역은 피렐리가 19세기에 세운 타이어 공장 근처로 이전했다. 그런데 공장이 제2차 세계대전 중에 파괴되고 말았다. 밀라노시는 1953년 새로운 도시 계획을 세우면서 중앙역 주변을 대형 오피스 빌딩 지구로 지정했다.

지오 폰티

피렐리타워를 짓기 전에 창업자 지오반니 바티스타 피렐리Giovanni Battista Pirelli의 두 아들 알베르토 피렐리Alberto Pirelli와 피에로 피렐리Piero Pirelli는 먼저 밀라노시로부터 건물 높이와 건축선에 대한 승인을 받아야 했다. 승인을 받은 피렐리 형제는 건축가 지오 폰티에게 설계를 의뢰했다. 그는 잡지《도무스 Domus》를 창간했으며, 가구와 건축은 물론 다양한 제품을 디자인했다. 건축주 형제는 건축가에게 비율과 재료, 디테일에서 품격이 느껴지는 기념비적인 건물을 부탁했다.

피에르 루이지 네르비

지오 폰티가 이끄는 건축팀에서 가장 중요한 인물은 구조 엔지니어 피에르 루이지 네르비였다. 네르비는 잘 구부러지는 메쉬 망을 보강재로 넣는 페로콘크리트ferroconcrete를 개발해 기둥 사이가 먼 장경간 구조체를 만든 것으로 유명하다. 피렐리타워는 네르비가 처음 짓는 고층 건물이었고 그는 그 뒤로도 고층 건물 프로젝트에 참여할 기회를 더 얻었다. 지오 폰티와 네르비(그리고 구조 엔지니어 아트루로 다누소)가 설계한 피렐리타워는 뉴욕의 팬암빌딩Pan Am Building(현 메트라이프빌딩MetLife Building)이나 런던의 센터포인트(76쪽)와 같이 1900년대 중반에 지은 고층 건물에 영향을 미쳤다.

'뜬 지붕' 아래 유리벽으로 감싼 공간에
밀라노 시내가 한눈에 들어오는 전망대가 있다.

시공 및 구조

평면

건축주는 사무실 공간을 탁 트고 사무실로 진입하는 엘리베이터와 복도를 중앙에 두길 원했다. 그 요청에 맞추다보니 건물 평면은 양끝이 좁아지는 렌즈 모양을 이뤘다. 가로 75.6m, 세로 20.4m인 유리 커튼월 뒤로 널찍한 업무 공간을 마련하기 위해 건물 코어는 뒤쪽 끝으로 배치했다. 복도 너비는 코어에서 멀어질수록 좁아져도 상관없으므로, 평면은 양쪽으로 서서히 좁아지다가 끝에서 급격히 좁아진다. 비상계단과 수직 설비 시설을 숨기고 있는 이 각진 두 벽체는 놀랍게도 서로 만나지 않고 트여 있다.

건물 코어를 좁다란 평면상의 한쪽 끝에 배치해 각 층 중앙부에 널찍한 사무실 공간을 마련했다.

구조

얼핏 보면 각진 끝쪽은 피렐리타워의 주요 구조체처럼 보이지만 사실 수평 하중을 보강할 뿐이다. 네르비는 앞뒤 폭이 좁은 건물이 수직 하중을 지탱하고 횡력에 견디도록 구조체를 철근콘크리트조로 설계했다. 구조체 중앙에 선 4개 기둥은 단면적이 점점 작아진다. 위로 갈수록 부담해야 할 무게가 줄어들기 때문이다. 4개 기둥은 1층 바닥부에서는 커다란 전단벽shear wall이지만 그 위에서 둘로 나뉘어 보를 통해 연결된다. 외부 기둥은 꼭대기 층 전망대에 이르면 지붕에 조금 못 미친 지점에서 더는 뻗지 않는다. 지붕은 건물 양 옆의 끝단과 비슷하게 틈을 남긴 채 떠 있는 것처럼 보인다.

건물 보수

9.11테러가 일어난 지 7개월 뒤인 2002년 4월, 경비행기 1대가 피렐리타워 26층에 충돌했다. 이 사고로 조종사 1명과 건물에 있던 2명이 사망했다. 이를 계기로 피렐리타워는 건물 보수 작업에 들어갔고, 2010년 완료하면서 그동안 잃었던 광택을 되찾았다.

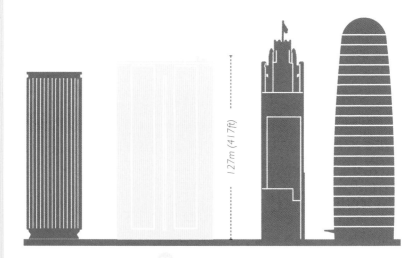

127m (417ft)

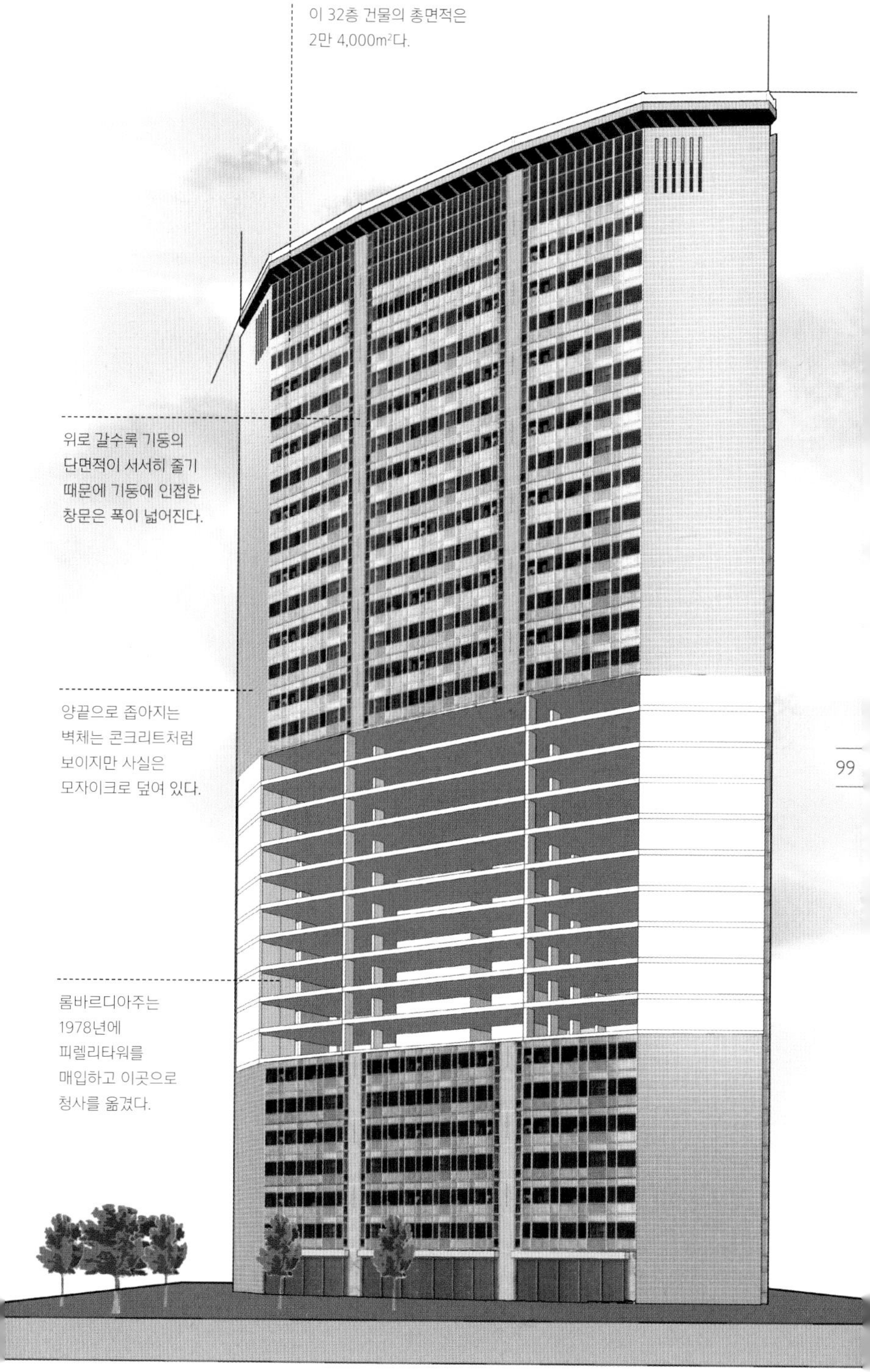

이 32층 건물의 총면적은
2만 4,000m²다.

위로 갈수록 기둥의
단면적이 서서히 줄기
때문에 기둥에 인접한
창문은 폭이 넓어진다.

양끝으로 좁아지는
벽체는 콘크리트처럼
보이지만 사실은
모자이크로 덮여 있다.

롬바르디아주는
1978년에
피렐리타워를
매입하고 이곳으로
청사를 옮겼다.

터닝토르소
TURNING TORSO

스웨덴 말뫼 • 2005년 • 190m • 57층 • 주거 시설, 업무 시설
소유주/개발자 HSB말뫼 • **건축가 및 구조 설계** 산티아고칼라트라바아키텍츠앤드엔지니어스
Santiago Calatrava Architects & Engineers • **특징** 비틀린 형태로 지은 세계 최초의 고층 빌딩이자
스칸디나비아 반도에서 가장 높은 건물

고층 건물과 교각

건축가, 엔지니어, 예술가로 활동하는 산티아고 칼라트라바는 고층 건물보다는 교각으로 유명하지만 평소 두 분야 모두를 넘나들며 커다란 영향을 발휘해왔다. 칼라트라바가 고국 스페인에서 선보인 아치형 현수교와 사장교가 전 세계로 퍼져나가 파생된 것과 마찬가지로, 21세기에 비틀린 형태의 고층 건물이 빠르게 늘어날 수 있었던 건 칼라트라바가 초석을 잘 다졌기 때문이다. 터닝토르소는 스웨덴과 덴마크를 잇는 외레순Øresund교 근처의 옛 선박 건조장 터를 재개발하는 프로젝트에서 구심점 역할을 하는 복합 건물로 설계되었다.

영감

1985년 초 칼라트라바는 토르소Torso 연작을 선보였다. 크롬 도금한 가느다란 철물로 대리석 정육면체를 고정한 조형물이었다. 작품에서 대리석은 일렬로 쌓여 있거나 계단형으로 놓여 있거나 서로 엇갈려 있거나 뒤틀려 놓여 있다. 그중에서도 뒤틀린 대리석 작품이 조니 오르벡Johnny Örbäck의 시선을 사로잡았다. 오르벡은 부동산 개발업자 겸 주택 시공 업체 HSB 사장에서 정치인으로 변신한 사람이었다. 그는 칼라트라바에게 조형물을 닮은 건물을 설계해달라고 요청했다. 칼라트라바는 대리석 7개를 1.5m 높이로 뒤틀어 배치한 터닝토르소를 실제 건물로 지어보겠다고 선뜻 말하지 못했다. 하지만 이미 말뫼 Malmö에 랜드마크를 세울 계획을 추진 중이던 오르벡은 결국 칼라트라바를 설득해냈다.

형태

조형물을 실제로 구현하기 위해서는 여러 변경 작업이 필요했다. 우선 엘리베이터와 계단실, 수직 시설을 수용할 코어를 덧붙여야 했다. 각 육면체에 5개 층을 할당하고 건물을 이루는 육면체를 7개에서 9개로 늘렸다. 첫 번째 두 번째 육면체에는 업무 시설을 배치했고, 나머지에는 아파트 147세대를 배치했다. 평면은 사각형에서 오각형으로 바뀌었다. 정확히 말하면 삼각형에 볼록한 평행사변형을 붙인 꼴이었다. 건물에 남은 원작의 특성은 각 모듈 사이에 틈이 있다는 점, 가장 아래에서 위까지 90도 회전했다는 점이다.

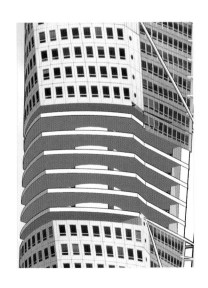

기계실은 5개 층으로 묶인 몇몇 모듈 사이에 놓인 높이 2m 틈새 공간에 위치한다.

시공 및 구조

혁신적인 구조

원형 코어는 수직과 수평 하중을 담당하는 주요 구조체 역할과 회전하는 각 층의 중심축 역할을 맡았다. 코어 안지름은 아래에서 위까지 10.6m지만, 코어 벽체의 두께는 가장 아래가 2.5m고 지붕에 이르면 0.5m가 채 되지 않는다. 캔틸레버형 바닥판은 코어에 매달고 주변부를 철제 기둥으로 받쳐 보강했다. 철제 기둥은 불연속적이기 때문에 각 모듈의 가장 아래 바닥층은 위쪽 기둥을 지탱하고 하중을 코어로 전달하도록 하기 위해 두께를 25cm에서 90cm로 키웠다. 삼각형 끄트머리에 위치한 철근콘크리트 기둥은 바닥판의 하중을 분담하는 동시에 풍하중에 따른 수평 변위를 잡아준다. 페인트를 칠한 외부 구조체도 풍하중에 의한 변위를 단단히 잡아준다. 사선과 수평으로 설치한 대형 버팀대는 건물 척추에 해당하는 외부 기둥을 각 모듈 상부의 내력벽과 연결하고 작은 버팀대는 외부 기둥을 각 층 바닥과 연결한다.

파사드

건물 외장재는 크게 둘로 나뉜다. 노출면을 감싸는 곡면형 알루미늄 판재 2,800장과 외부 철재 트러스 뒤쪽 면을 감싸는 유리 판재 2,250장이다. 비스듬한 창문이 회전하는 모양을 강조하는 터닝토르소는 역사상 가장 독특한 고층 건물로 자리매김했다.

건물은 주변 모습을 반사하는 수면에 둘러 싸여 있어 내부로 들어가려면 다리를 건너야 한다.

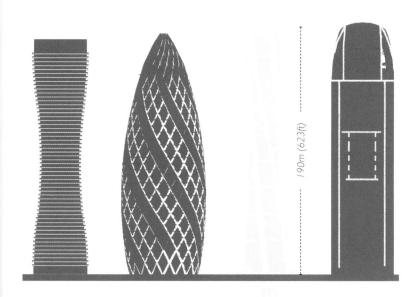

190m (623ft)

이 57층 복합 건물의
총면적은 3만 1,840m²다.

터닝토르소는 2002년
해체된 높이 140m 선박
건조 크레인 코쿰Kockum의
뒤를 이어 말뫼의
랜드마크로 자리 잡았다.

이 건물은 2015년
국제초고층학회로부터
10년상10-Year Award을
받았다.

회전하는 형태로 시공하기
위해 끌어올린 타워
크레인은 바람이 시간당
71.6km/h 이상으로 부는
날이면 가동을 멈춰야했다.

문화과학궁전
PALACE OF CULTURE AND SCIENCE

폴란드 바르샤바 • 1955년 • 231m • 42층 • 문화 시설, 여가 시설, 업무 시설
소유주/개발자 소비에트연방 Union of Soviet Socialist Republics, 폴란드인민공화국 People's Republic of Poland • **건축가** 레프 루드네프 Lev Rudnev • **구조 설계** 알려지지 않음 • **특징** 폴란드에서 가장 높은 건물이며 2000년 이전까지 세계에서 가장 높은 시계탑으로 알려짐

역사적 배경

2020년 노먼 포스터의 바르소타워 Varso Tower가 완공되면 문화과학궁전은 바르샤바에서 가장 높은 건물이라는 칭호를 잃게 된다. 그러나 60년이 넘는 세월을 버텨왔기에 앞으로도 바르샤바의 스카이라인에서 도시를 대표하는 랜드마크로 남을 것이다. 문화과학궁전은 단순히 화려한 장식이 돋보이는 건물이 아니라 제2차 세계대전과 소비에트 지배 이후의 폴란드 역사가 담겨 있는 곳이다. 문화과학궁전의 정식 명칭은 '이오시프 스탈린의 이름으로 설립한 문화과학궁전'이었다. 1952년에 착공한 이곳은 소비에트연방이 폴란드에게 준 선물이었지만 폴란드인들은 그리 달가워하지 않았다. 레프 루드네프가 이끄는 건축가들은 모두 소비에트연방 출신이었고 이 건물의 건축 양식 역시 소비에트 양식이었다. 공사에 참여한 근로자 4,000명도 소비에트연방 출신이었으며 바르샤바 외곽에 마련한 막사에서 생활했다. 문화과학궁전(폴란드어로는 Patac Kutury i Nauki를 줄여 PKiN이라고도 부름)은 전쟁이 끝나고 10년이 흐른 뒤 1955년에 완공되는데, 이때는 스탈린이 죽은 지 2년이 지난 시점이기도 했다. 1956년 스탈린이 저지른 범죄 행위가 만천하에 드러나자 소비에트 지도자 니키타 흐루쇼프 Nikita Khrushchev와 폴란드 지도자 브와디스와프 고무우카 Władysław Gomułka는 스탈린을 격하했고 문화과학궁전에 새긴 그의 이름도 지워졌다.

대지

폴란드 정부는 바르샤바 중심부 33만m²에 대형 퍼레이드 광장을 조성하고 그 중심에 문화과학궁전을 건립했다. 당시 국가적으로 주택이 부족한 상황이었음에도 이 프로젝트를 단행하기 위해 전쟁을 견딘 주택 100채를 철거하고 주민 4,000명을 이주시켰다. 하지만 시간이 흘러 동쪽 파사드 앞 공간이 주차장으로 변하면서 퍼레이드 광장은 자동차에 자리를 내주었다.

실제 사용 공간의 최대 높이는 160m로 건물의 최고 높이보다 70m 낮다.

시공 및 구조

다양한 역할

문화과학궁전이라는 이름에는 건물을 특별하고 원대한 공간으로 만들겠다는 의지가 담겨 있다. 그래서 단순히 업무 시설이 아닌 박물관, 영화관, 극장, 운동 시설 및 기타 공공 시설로도 쓰도록 계획되었으며 방 3,288개와 3,000여 명을 수용할 수 있는 초대형 회의실이 마련되어 있다. 초창기에는 이곳에서 공산당 회의가 열렸고, 수십 년이 지난 뒤에는 록 콘서트가 열렸다. 한때는 폴란드에서 가장 큰 카지노가 들어서기도 했지만 건물의 기존 용도를 대부분 유지하고 있다.

전통 건축물처럼 보이지만 건물에 붙인 석재 외장재는 20세기 중반의 표준 공법이던 철골 구조체에 매달려 있다.

건축 양식

문화과학궁전이 완공되자 레프 루드네프의 설계안은 소비에트 양식과 폴란드 전통 건축 양식을 절충했다는 평을 받았다. 실제로 건축가는 산도미에시Sandomierz, 크라쿠프Kraków, 토룬Toruń과 같은 폴란드 중부 도시를 순례하며 건물 축조 방식에 대한 실마리를 얻었다. 건축가는 도시에서 접한 전통적인 디테일을 문화과학궁전의 외부 장식, 그중에서도 특히 뾰족한 난간 부위에 접목했다. 하지만 석재 파사드와 조각품 뒤편에 있는 내부 구조체는 현대적인 철골조로 지었다. 소비에트 연방은 이 철골조를 대대적으로 선전했으나 이 공법은 이미 세계 곳곳에서 제법 널리 통용되고 있었다.

1989년 이후

독립을 맞은 뒤 폴란드 정부는 '스탈린의 손가락Stalin's Finger'이라 불리는 문화과학궁전을 철거할지 보존할지 고민에 빠졌다. 부정적인 수식어가 따라붙기는 하지만 이 궁전은 인상적이고 탁월하고 쓰임새가 많아서 보존하는 쪽이 더 합리적이었다. 2000년 들어 첨탑에 시계를 부착하면서 건물을 보존하기로 했고, 문화과학궁전은 세상에서 가장 높은 시계탑이라는 칭호를 누렸다.

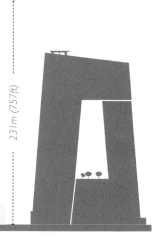

231 m (757ft)

건물 꼭대기에는 높이가
70m인 첨탑이 있다.

타워부를 감싸고
있는 건물 '몸체'는
높이가 120m이다.

초기 계획안에서는
건물 높이가
100m에 불과했다.

이 42층 건물의
총면적은
12만 3,000m²다.

이스탄불사파이어
ISTANBUL SAPPHIRE

터키 이스탄불 • 2010년 • 261m • 55층 • 주거 시설

소유주/개발자 빅슨 야프 Biskon Yapi, 킬레르 게오 Kiler GYO • **건축가** 타바느올루아키텍츠 Tabanlıoğlu Architects • **구조 설계** 발카르 Balkar • **특징** 러시아를 제외한 유럽에서 가장 높은 주거용 건물이며 터키에서 가장 높은 건물

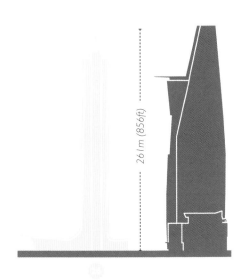

261m (856ft)

EUROPE

108

복합 용도

타바느올루아키텍츠가 설계한 이 친환경 건물은 아파트 187세대와 상점가 6개 층, 지하 주차장, 공용 전망대를 갖췄다. 주거 시설용 로비는 5층에 위치하며, 주거 시설인 9-12개 층이 하나로 묶여 네 구역으로 나뉘는데, 각 구역 사이에는 기계실이나 여가 시설을 갖춘 공용 공간 층이 있다. 거주민 간의 유대감 증진을 위해 조성한 공간은 고층 건물에서 쉽게 접할 수 없는 이스탄불사파이어만의 특징이다.

정원과 자연 환기

여러 층을 한데 묶은 각 주거 구역은 다시 소단위로 나뉜다. 이는 동쪽에 정원을 배치한 가장 아래층을 중심으로 3개 층씩 묶인다. 정원은 외부 유리벽 뒤에 위치하고, 각 세대는 설치된 미닫이 유리벽 뒤로 물러나 있다. 정원 위 2개 층은 깊숙한 3층 높이 공간으로

발코니를 내민다. 이곳 거주자는 이웃과 3층짜리 집에서 함께 사는 셈이다. 외부 공기는 정원과 이중 유리 파사드를 통해 주거 시설로 들어간다. 높은 데서 들어오는 공기는 상대적으로 시원하기 때문에 거주자는 에어컨 사용을 줄일 수 있다. 루버를 씌운 흡기구와 배기구는 날씨에 따라 열리고 닫힌다.

구조

철근콘크리트는 이 건물의 주요 구조재다. 두 직사각형 코어는 건물 중앙에 놓인 중복도 double-loaded corridor의 북쪽과 남쪽 끝에 위치한다. 두 코어는 동, 서 파사드와 직각을 이루는 여섯 군데 전단벽과 함께 구조적 역할을 담당한다. 철골 기둥은 콘크리트 구조체를 보조하여 동쪽 파사드를 이루는 외부 유리벽을 지탱한다. 쇼핑몰을 덮고 있는 직각 지붕은 철골 보와 기둥이 지탱한다.

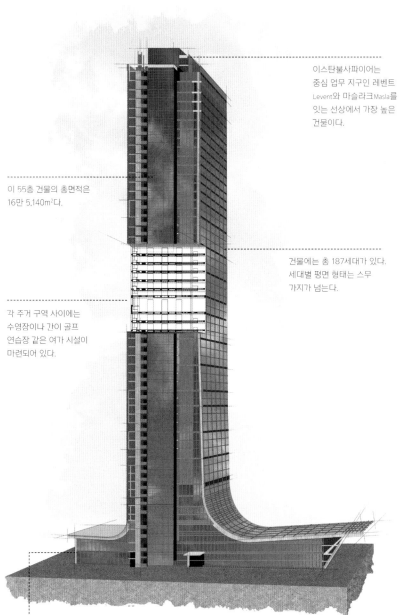

이스탄불사파이어는 중심 업무 지구인 레벤트Levent와 마슬라크Masla를 잇는 선상에서 가장 높은 건물이다.

이 55층 건물의 총면적은 16만 5,140m²다.

건물에는 총 187세대가 있다. 세대별 평면 형태는 스무 가지가 넘는다.

각 주거 구역 사이에는 수영장이나 간이 골프 연습장 같은 여가 시설이 마련되어 있다.

지하에 주차장 6개 층과 쇼핑몰 4개 층, 지하철 직결 통로를 마련하느라 터파기 깊이가 47.5m에 이르렀다. 터키 건설 역사상 가장 깊은 경우였다고 한다.

에볼루션타워
EVOLUTION TOWER

러시아 모스크바 • 2015년 • 246m • 54층 • 업무 시설
소유주/개발자 스네기리디벨로프먼트Snegiri Development, 트랜스네프트Transneft
건축가 고르프로젝트Gorproject, RMJM • **구조 설계** GK-테크스트로이GK-Techstroy,
고르프로젝트 • **특징** 가장 아래층에서 위층까지 156도 회전함

초기 계획안

에볼루션타워의 최초 설계안은 타워가 실제로 완공되기 11년 전인 2004년에 시티팰리스타워City Palace Tower라는 이름으로 먼저 공개되었다. 타워는 모스크바시티Moscow City로 불리는 모스크바 국제업무지구(모스크바강 프리스넨스카야Presnenskaya 제방 근처에 개발한 대형 상업 지구) 내 주요 건물로 건립하고 안에 대형 결혼식장을 갖출 계획이었다. RMJM의 건축가들은 스코틀랜드 예술가 카렌 포브스Karen Forbes와 협업해 설계 공모전에서 우승했다. 이들이 출품한 나선형 오피스 빌딩은 하단을 유리로 덮어 '신부의 치마'를 형상화하고 그 위를 오목한 지붕으로 덮은 모습이었다.

새 계획안

시티팰리스타워는 2006년 계획 허가를 받고 2년 뒤에 건축 허가를 받았지만 세계 금융 위기 때문에 진행이 중단되었다. 2011년에 프로젝트가 재개되었지만 그때는 모스크바에 대형 결혼식장이, 더군다나 업무 지구에 들어설 이유가 없었다. 그 뒤로 고르프로젝트가 개발안을 넘겨 받아 시티팰리스타워를 업무 시설 전용 건물로 변경했다. 그 과정에서 건물 상부의 형태가 좀 더 단순해졌지만 회전하는 기존 형태는 그대로 유지되었다. 수정된 건물 모습이 DNA 가닥과 닮았다고 하여 에볼루션타워라는 새 이름을 얻었다.

모스크바시티

에볼루션타워는 지금까지도 빽빽하게 개발 중인 모스크바시티에서 가장 높은 건물은 아니지만 형태와 위치 덕분에 단연 돋보인다. 에볼루션타워는 중앙 쇼핑몰을 U자 모양으로 감싸는 열두 건물 중에서 가장 남동쪽이자 모스크바강을 가로지르는 보행교와 가장 가까운 곳에 있다. 타워는 조경 시설을 갖춘 기단부 위에 올라서 있으며 쇼핑몰이 들어서 있다. 쇼핑몰에는 지하철과 보행교로 연결되는 통로와 계단이 있다.

꼭대기 층의 구부러진 아치 사이에는
헬기장과 전망대가 있다.

시공 및 구조

구조

에볼루션타워는 가장 아래층에서 위층까지 층마다 3도씩, 총 156도 회전한다. 팔각형으로 배치한 원기둥 8개는 평면이 코어를 중심으로 회전하는 것과 상관없이 수직으로 뻗어 올라간다. 건물 모서리를 이루는 네 기둥도 14도 기운 상태로 회전하는 바닥판을 따라 올라간다. 네 기둥은 지붕 층에 이르러 41m 기둥 사이마다 받침대를 댄 철골 아치형으로 닫히면서 고리 모양을 이룬다.

유리 파사드 너머로 수직 기둥이 보인다.

시공

에볼루션타워는 말뚝을 매설하고 3.5m짜리 온통기초를 형성한 뒤에 시공되었다. 온통기초는 콘크리트 8,000m³를 48시간 내내 타설해 형성했다. 회전하는 철근콘크리트 구조체는 시스템 거푸집인 유압식 셀프클라이밍폼self-climbing form이 없었다면 시공하기 어려웠을 것이다. 셀프클라이밍 폼 덕분에 코어 벽체와 건물 바닥판을 동시에 타설하면서 골조를 한 주에 한 층씩 올릴 수 있었다.

파사드

타워의 독특한 외관은 반사 유리 덕분이다. 특히 유리의 곡면 형태가 건물 외관이 계단 모양으로 보이는 현상을 막는다. 유리판은 저온에서 굽힌 판유리를 구부린 알루미늄 틀에 넣어 만들었다. 서로 맞닿은 유리 파사드는 다른 방식으로 마감되었다. 마주 보는 두 면에는 전면에 반사 유리를 썼고 나머지 두 면에는 흰색 가로줄 무늬를 넣었다. 이를 통해 회전하는 형태를 강조하면서도 초기 설계안에서 의도했던 신부와 신랑의 포옹 모습을 담아냈다.

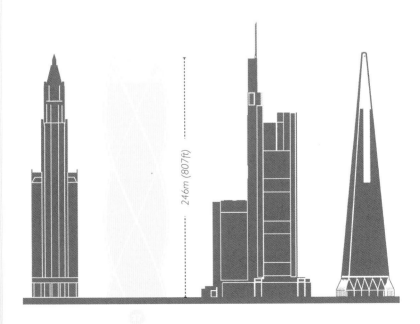
246m (807ft)

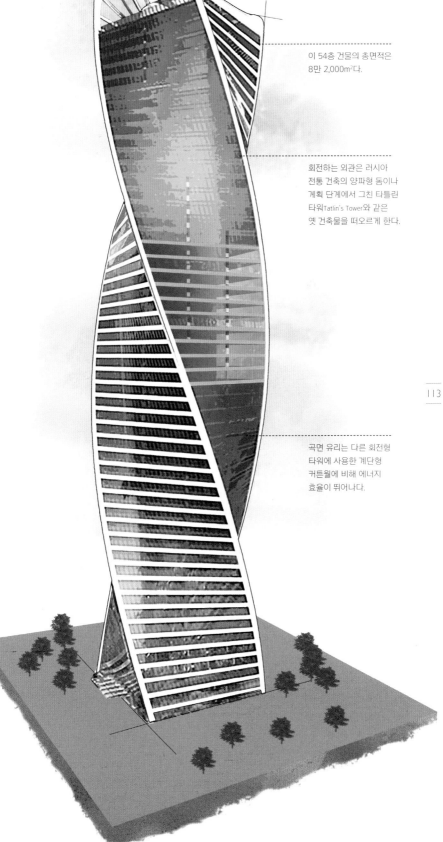

이 54층 건물의 총면적은 8만 2,000m²다.

회전하는 외관은 러시아 전통 건축의 양파형 돔이나 계획 단계에서 그린 타틀린 타워Tatlin's Tower와 같은 옛 건축물을 떠오르게 한다.

곡면 유리는 다른 회전형 타워에 사용한 계단형 커튼월에 비해 에너지 효율이 뛰어나다.

113

바레인세계무역센터
BAHRAIN WORLD TRADE CENTER

바레인 마나마 • 2008년 • 240m • 45층 • 업무 시설
소유주/개발자 바레인세계무역센터, 바레인왕국Kingdom of Bahrain
건축가 및 구조 설계 앳킨스Atkins • **특징** 대형 풍력발전기를 최초로 설치한 건물

석유 시대 이후

페르시아만의 섬나라 바레인은 경제적으로 1900년대 중반부터 석유와 천연가스에 의존해왔다. 2000년대 들어 관광과 금융업에 투자했으며 금융 지구는 수도 마나마Manama에 집중적으로 몰렸다. 석유 시대 이후를 대비하는 바레인의 미래상은 세계무역센터 건물 2개 동 사이에 설치한 지름 29m 풍력발전기에서 상징적으로 나타난다.

설계 콘셉트

2004년 착공한 바레인세계무역센터는 이전 건물을 재단장하는 프로젝트였다. 30년 전 페르시아만을 굽어보는 마나마의 중심 업무 지구 내 쇼핑몰과 호텔이 주요 대상이었

다. 공사 개요에는 쇼핑몰과 주차 시설 확장, 5만m²의 업무 공간 신설이 포함되었다. 바레인세계무역센터를 설계한 건축가는 숀 킬라Shaun Killa로, 그가 속한 앳킨스는 아랍에미리트에 돛 모양을 형상화한 부르즈알아랍Burj Al Arab(126쪽)을 설계했다. 숀 킬라는 요트광이어서 돛대에 작용하는 공기역학에서 설계 아이디어를 얻었고, 중동 전통 건축에서 사용하는 바람 탑wind tower에서도 감명 받았다. 건물에 바람 탑을 설치하면 실내에 상승 기류가 일어나 시원해진다. 숀 킬라는 대지를 처음 방문했을 때 페르시아만에서 늘 바람이 불어온다는 점에 착안해 두 건물 사이에 풍력발전기를 설치하자고 제안했다.

두 건물 사이에 풍력발전기 3대를 설치했다. 무게는 1대당 10톤이다.

시공 및 구조

공기역학

앳킨스는 건물 평면을 날개 모양으로 설계했다. 이렇게 하면 바람이 좁은 공간으로 빠져나가는 것은 물론이고 바람이 빠질 때 빨아들이는 힘을 활용할 수 있어 풍속이 더 빨라진다. 설계와 엔지니어링을 모두 담당한 람볼Ramboll과 풍력발전기 회사 노르윈Norwin, 이 두 덴마크 회사는 풍력 발전에 이상적인 바람의 방향과 속도 범위를 결정하기 위해 풍동시험wind tunnel을 실시했다. 바람은 일반적으로 위쪽에서 더 세게 불기 때문에 풍력발전기 3대가 바람을 똑같은 속도로 받으려면 건물 형태를 상단으로 갈수록 좁혀야 했다.

바레인세계무역센터는 기존 쇼핑몰과 연결된 3층 높이의 기단부 위에 올라서 있다.

풍력발전기

바레인세계무역센터에 설치한 풍력발전기는 수평 풍력발전기다. 이것은 덴마크 들판에서 쉽게 찾아볼 수 있으며 발전기를 바람이 주로 불어오는 방향으로 놓아두는 제품이다. 풍력발전기는 지상에서 각각 60m, 96m, 132m 높이에서 건물 2개 동 사이에 연결된 길이 31.7m 다리에 얹혀 있다. 이 다리는 발전기 날개가 바람에 구부러지는 상황을 고려해 뒤쪽으로 완만한 V자형을 이루고 있다. 또

발전기에서 발생하는 진동이 거주자에게 피해를 주지 않도록 끝에 고무 베어링을 삽입했다. 발전 용량이 225KW인 발전기는 1년의 시험 기간을 거친 다음 2009년부터 건물에서 사용하는 전력량의 11-15%를 생산했다. 친환경 건축물이 많지 않은 중동에서 바레인세계무역센터는 지속 가능한 건축의 바람직한 모습을 보여주며 지역의 상징으로 자리매김했다.

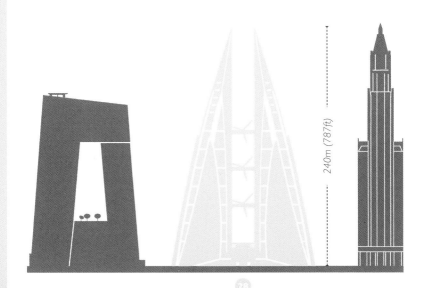

240m (787ft)

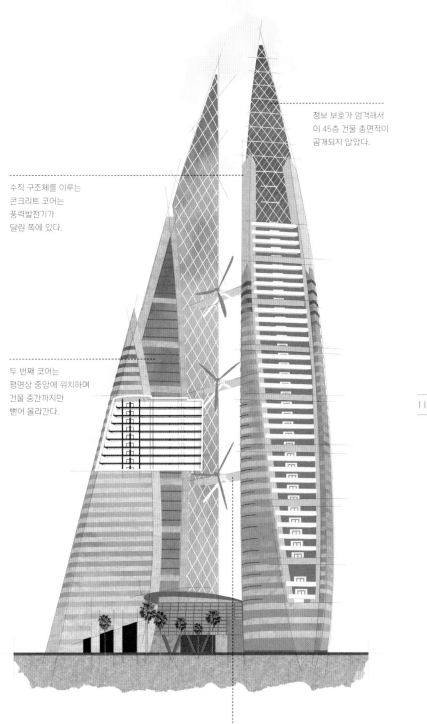

정보 보호가 엄격해서
이 45층 건물 총면적이
공개되지 않았다.

수직 구조체를 이루는
콘크리트 코어는
풍력발전기가
달린 쪽에 있다.

두 번째 코어는
평면상 중앙에 위치하며
건물 중간까지만
뻗어 올라간다.

117

풍력발전기의 안전 상태를
살피는 장치는 발전기 내
두 곳, 건물 내 한 곳이 있다.
이 장치는 악천후 등의
긴급 상황이 닥치면
발전기 가동을 중단한다.

알바하르타워
AL BAHR TOWERS

아랍에미리트 아부다비 • 2012년 • 145m • 29층 • 업무 시설
소유주/개발자 아부다비투자청Abu Dhabi Investment Council, ADIC • **건축가** 아이다스Aedas,
디아르 컨설트Diar Consult • **구조 설계** 에이럽 • **특징** 각 타워의 파사드에
가변형 차양을 1,000개 이상 설치

가변형 차양
21세기 들어 아부다비와 두바이에 초고층 건축 붐이 일었다. 아랍에미리트의 사막 지형과 어울리지 않는 형태와 외관을 한 설계안들이 도입되었다. 하지만 알바하르타워는 그런 흐름에서 벗어나 있다. 이 쌍둥이 빌딩은 아이다스 런던 지사가 2007년 아부다비투자청 설계 공모전에 낸 작품이다. 건축주가 건물을 친환경적으로 설계해달라고 강조했기 때문에 건축가는 유리 외벽을 가변형 차양으로 덮었다. 차양은 전통 아랍 건축의 격자형 창살인 마슈라비야mashrabiya에서 따온 것이다. 독일의 건축사무소 SL라쉬SL Rasch가 사우디아라비아의 메디나Medina인 예언자모스크 Prophet's Mosque에 접이식 캐노피를 차용한 사례가 파사드 설계에 영감을 줬다.

꽃봉오리
컴퓨터가 제어하는 외부 파사드 차양은 태양 경로에 따라 열리고 닫힌다. 센서는 태양과 바람의 변화를 감지해 가변형 차양을 꽃봉오리처럼 오므리거나 편다. 역동적인 파사드 뒤편으로부터 2m 떨어진 유리벽은 햇빛이 들지 않는 북쪽으로만 열려 있다.

마슈라비야
타워당 1,049개가 설치된 마슈라비야는 테플론teflon으로 코팅한 유리섬유 판재 6개를 Y자형 삼각대에 올려 건물 한 층 높이의 커다란 삼각형으로 만든 것이다. 이 삼각형은 한 번은 똑바로, 한 번은 거꾸로 배열되어 빼곡히 맞물린다. 마슈라비야를 열면 Y자형 삼각대의 중앙부가 돌출되면서 유리섬유 판재가 뒤로 접힌다. 완전 개방과 완전 차단 사이의 가동 범위는 다섯 구간으로 나뉘어 있다. 이 그물망형 판재는 가시광선을 약 40% 투과하도록 설계된 것이어서 연간 냉방 부하를 35% 낮추는 효과를 얻었다. 이밖에도 에이럽사가 '녹색' 빌딩에 걸맞은 요소를 추가하여 알바하르타워는 비슷한 고층 건물보다 탄소를 40% 적게 배출한다.

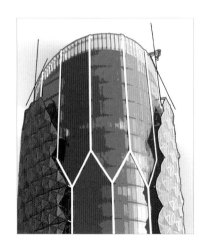

립스틱처럼 생긴 경사 지붕에 태양광 패널을 달아 원통형 윤곽에 개성을 더했다.

시공 및 구조

시험

움직이는 파사드는 일반 건물에서 흔히 볼 수 없는 요소여서 마슈라비야가 제대로 열리고 닫히는지 미리 시험해볼 필요가 있었다. 열과 모래, 바람, 소금물에 장시간 노출되어야 하는 유리 커튼월과 마슈라비야는 중국 업체 유안다Yuanda가 맡아서 제작했다. 유안다는 중국에서 진행하던 공사 현장과 동일한 여건을 만들어 시험했다. 구동 장치와 모터는 기대 수명이 각각 15년과 10년이며 그 뒤에는 교체해줘야 한다.

차양이 필요 없는 북측 입면에 다이아그리드 보강재가 드러난다.

구조

쌍둥이 빌딩의 외관은 2층 높이의 기단부에 올려놓은 원통처럼 보이지만 사실은 건물 중간부가 살짝 볼록하다. 또한 건물 코어는 원형이지만 외곽부는 태양에 노출되는 면적을 줄이기 위해 타원형을 이루고 있다. 철골 보는 지름이 20.3m인 코어에서부터 외곽 구조체를 이루는 기둥까지 중간 기둥 없이 뻗어 있

다. 외곽 기둥은 벌집 모양을 이루며 서 있고 각 빌딩 북쪽면을 통해 밖에서도 들여다 보인다. 물론 이것만으로는 알바하르타워가 다른 건물보다 특별하다고 말하기는 어렵다. 그런데 구조체에 가변형 차양을 더하자 이 건물은 전통에 뿌리를 두면서도 미래 지향적인 고층 건물이 되었다.

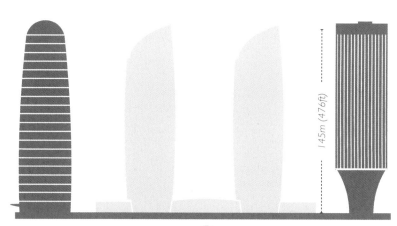

145m (476ft)

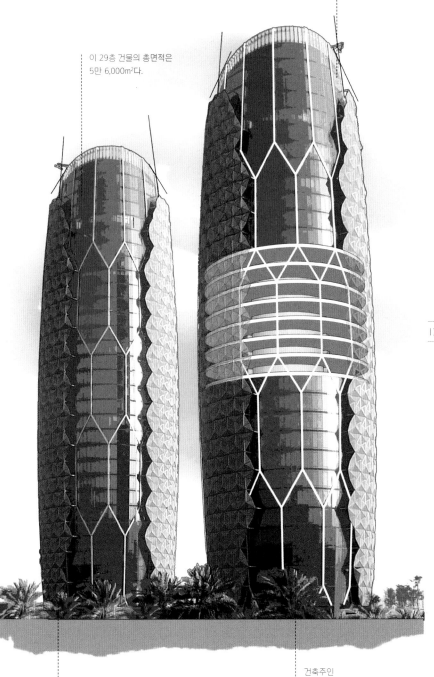

남쪽 파사드에 설치한
가변형 차양 뒤에 4층
높이의 하늘 정원이 있다.

이 29층 건물의 총면적은
5만 6,000m²다.

쌍둥이 빌딩은 2층 높이의 기단부에 올라서
있다. 기단부에는 출입구와 강당, 기도실이
있고 그 아래에는 주차장과 기계실, 창고를
배치했다. 기단부에는 옥상 정원이 있다.

건축주인
아부다비투자청은
회사 로고에 차양을
형상화해서 넣었다.

킹덤센터
KINGDOM CENTRE

사우디아라비아 리야드 • 2002년 • 302m • 41층 • 주거 시설, 숙박 시설, 업무 시설
소유주/개발자 킹덤홀딩컴퍼니Kingdom Holding Company • **건축가** 엘러비베케트Ellerbe Becket,
올라니아앤드어소시에이츠Omrania&Associates • **구조 설계** 에이럽 • **특징** 2002년
엠포리스 초고층 빌딩상Emporis Skyscraper Award에서 최우수상 수상

설계 공모전

리야드Riyadh에 위치한 킹덤센터는 사우디아라비아를 건국한 압둘아지즈Abdulaziz 왕의 손자 알왈리드Alwaleed 왕자가 오랫동안 건립을 계획해왔던 초고층 빌딩이다. 왕자는 킹덤센터가 에펠탑만큼 전 세계적으로 유명해지기를 원했다. 현재 센터 건물은 설계 공모전에 출품된 100여 점 가운데 당선작으로 뽑힌 설계안을 토대로 지은 것이다.

건물 형태

알왈리드 왕자는 공모전에 참가한 건축가들에게 단순하고 일체적이고 대칭적이며, 지역이 아닌 국제적인 감각을 따르는 건물을 설계해달라고 요청했다. 당선작은 미국의 건축사무소 엘러비베케트(현 AECOM)와 리야드의 건축사무소 올라니아앤드어소시에이츠의 공

동 설계 안이었다. 이 설계안은 유리로 감싼 건물 상단에 역삼각형 개구부를 내고 그 위에 지붕이 덮인 다리를 얹은 모습이 인상적이었다. 이렇게 외관을 강렬하게 표현할 수 있었던 이유는 혼잡한 킹압둘라 금융 지구와 멀리 떨어진 덕분이었다. 그러다 보니 킹덤센터는 주변부 저층 건물들 위로 우뚝 솟아올랐다. 센터가 들어선 지역은 건축 조례에 따라 높이가 30층으로 제한된다. 하지만 킹덤센터의 포물선형 개구부는 장식용이었기에 건물을 더 높이 지을 수 있었다.

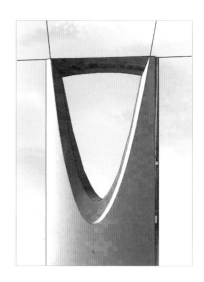

개구부 상단에는 평지붕과 아치형 바닥으로
이뤄진 전망대가 걸쳐 있다.

시공 및 구조

파사드

두 구조체가 서로 다르지만 볼록하게 홈이 파인 외부 표면을 똑같이 은색 반사 유리판으로 맞이어 덮었다. 멀리서 접합부가 보이지 않는 킹덤센터는 하늘과 주변 풍경을 일그러지게 비추는 거울처럼 보인다. 파사드와 달리 포물선 모양 개구부에는 유리판과 크기가 같은 알루미늄 판재를 붙였다. 판재가 붙은 곳은 다리 아래 설치한 색 조명을 받는 캔버스역할을 한다. 밤이 되면 거주 공간이 아닌 개구부 근처에 격자형 조명이 들어와 알왈리드 왕자가 건축으로 표현하고자 했던 바를 감상할 수 있다.

타워의 타원형 평면은 북측 출입구에서처럼 건물의 다른 곳에서도 반복적으로 나타난다.

기능

킹덤센터는 타워 및 동서 기단부로 이뤄져 있다. 타워는 두 기단부 중간에 서 있고 타워 남쪽과 북쪽에는 정원이 꾸며져 있다. 동쪽 기단부에는 쇼핑몰이, 서쪽 기단부에는 예식장과 회의실, 스포츠 시설이 들어섰다. 타워에는 5성급 호텔과 킹덤홀딩컴퍼니 본사, 최상층 전망대가 있다. 전망대에 오르면 곡면 유리벽 너머로 도시와 센터의 경관이 내려다보인다. 쇼핑몰 내에는 여성 전용 층이 있는데 이곳에서만큼은 여성들이 히잡을 쓰지 않아도 된다. 이외에도 타워에는 기도실이 딸려 있다. 센터 주요 건물 3개 동 아래에는 차량 3,000대를 수용하는 주차장이 있다.

구조

킹덤센터는 양 끝단에 홈을 파놓은 아몬드 모양인 건물의 평면 형태를 고려해 사람이 거주하는 층을 모두 철근콘크리트 구조체로 설계했다. 반면 건물의 3분의 1을 차지하는 상단부는 강관 구조체로 이뤄진다. 이 구조체는 아래쪽 콘크리트 바닥과 2층 높이의 고강도 앵커근anchor bar으로 연결되었다.

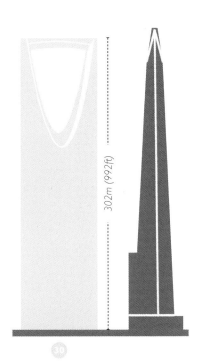

302m (992ft)

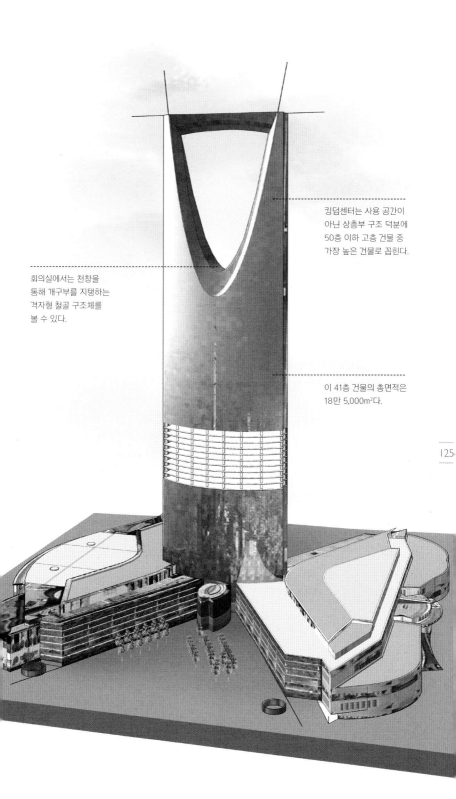

회의실에서는 천창을
통해 개구부를 지탱하는
격자형 철골 구조체를
볼 수 있다.

킹덤센터는 사용 공간이
아닌 상층부 구조 덕분에
50층 이하 고층 건물 중
가장 높은 건물로 꼽힌다.

이 41층 건물의 총면적은
18만 5,000m²다.

부르즈알아랍
BURJ AL ARAB

아랍에미리트 두바이 • 1999년 • 321m • 56층 • 숙박 시설
소유주/개발자 주메이라인터내셔널그룹Jumeirah Group International • **건축가** 앳킨스
구조 설계 앳킨스, 이.컨스트럭트e.construct • **특징** 세계에서 가장 높은 180m 아트리움을
보유하고 있으며 세계 유일의 7성급 호텔이라는 지위로 홍보

상징성

1993년 앳킨스는 주메이라인터내셔널그룹이 발주한 두 호텔의 설계와 구조, 시공을 맡았다. 주메이라그룹은 호텔이 방문객에게 "두바이에 온 것을 환영합니다."라고 말하는 상징적인 건물이 되기를 바랐다. 이 역할은 해변을 끼고 있는 저층 호텔이 아니라 인공 섬에 건립한 고층 호텔이 맡았다. 앳킨스의 영국 건축가 톰 라이트Tom Wright는 현대식 요트에서 아이디어를 얻었다. 결국 최종 설계안은 돛이 바람을 안고 있는 형태가 되었다. 톰 라이트는 시드니 오페라하우스처럼 5초 안에 그릴 수 있고 보는 순간 바로 알아볼 수 있는 건물을 '상징성 있는 건물'이라고 생각했는데 최종 설계안은 그 '기준'을 충족했다.

대지

부르즈알아랍은 두바이의 또 다른 상징물인 부르즈할리파Burj Khalifa(134쪽)가 있는 도심에서 남서쪽으로 15km 떨어진 곳에 있다. 이 지역은 1990년대만 해도 시카고비치호텔Chicago Beach Hotel 외에는 이렇다 할 건물이 없었다. 하지만 지금은 급속히 발전하는 도시 한가운데에 자리한다. 시카고비치호텔은 주메이라인터내셔널그룹의 호텔이 들어서자 철거되었다. 부르즈알아랍이 위치한 삼각섬(2016년에 나비넥타이 모양으로 확장)은 인근에 조성한 야자나무 형태의 팜주메이라Palm Jumeirah섬이나 바다를 매립해 만든 다른 간척지보다 면적이 무척 좁다.

섬 공사

56층 호텔이 들어설 섬은 1년 동안 크게 다섯 단계를 거쳐 시공했다. 먼저 섬이 생길 자리를 따라 널말뚝 벽을 설치하고 임시 말뚝과 강선으로 고정했다. 둘째, 널말뚝 안에 모래를 채우고 바깥에 바위를 쌓아 지탱했다. 셋째, 하부 구조체를 받칠 지름 1.5m짜리 말뚝 230개를 해저 45m까지 박아 넣었다. 넷째, 바위 위에 쉐드SHED 블록을 설치했다. 다섯째, 모래를 파내 말뚝을 노출시키고 콘크리트를 타설한다. 그렇게 '목욕통' 모양의 구조체를 만든 뒤 상부 구조체 공사를 시작했다. 섬은 100년에 한 번 발생하는 규모의 태풍에도 피해를 입지 않도록 해수면에서 7m 정도 올라와 있다.

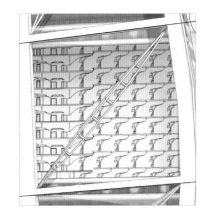

호텔 방 한 열을 들어내면 파사드 뒤에서 천장으로 이어지는 아트리움이 모습을 드러낸다.

시공 및 구조

평면

부르즈알아랍의 호텔 스위트룸은 좌우 날개에 V자형으로 배치되어 있고 사이에 삼각형 아트리움이 끼어 있다. 남동쪽으로 해안을 마주 보는 개구부는 직사광선을 차단하는 거대한 이중 테플론 섬유막으로 덮여 있다. 엘리베이터와 수직 설비 시설을 수용하는 코어는 V자형 평면의 모서리에 놓여 있다. 건물 상단에는 캔틸레버형 특수 시설이 두 곳 있다. 그중 하나는 바다를 마주 보는 레스토랑이고 다른 하나는 해변을 마주 보는 헬기장이다. 이 헬기장을 이용하면 자동차를 타고 다리를 건너지 않아도 호텔로 들어설 수 있다.

구조

앳킨스는 V자형 평면과 독특한 형태로 뻗은 건물 외관을 살리기 위해 복합 구조체를 고안했다. 건물의 수직 하중은 콘크리트 코어와 바닥 슬래브, 호텔 스위트룸을 이루는 전단벽이 떠받친다. 활 모양으로 굽은 철제 외부 구조체는 사선으로 설치한 대형 트러스와 함께 건물이 북풍에 흔들리지 않도록 잡아준다. 동서 방향으로 작용하는 횡력은 돛 모양 섬유막 뒤에 설치한 대형 가새가 담당한다. 마지막으로 돛 모양 구조체는 아트리움 상단에 달린 구부러진 철제 트러스가 지탱한다. 이 구조체는 부르즈알아랍이 항해하는 요트의 형상을 따서 설계된 건물이라는 사실을 단적으로 드러낸다. 그렇지만 이는 근래 지어진 가장 인상적인 초고층 빌딩을 조화롭게 구성하는 여러 요소 중 하나일 뿐이다.

안테나 기둥 아래 60m 지점인 상부 곡선형 구조체 하단에는 헬기장과 레스토랑이 딸려 있다.

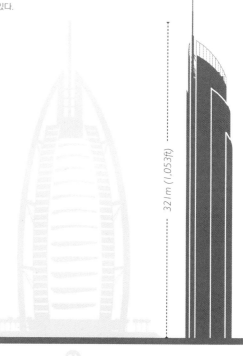

321m (1,053ft)

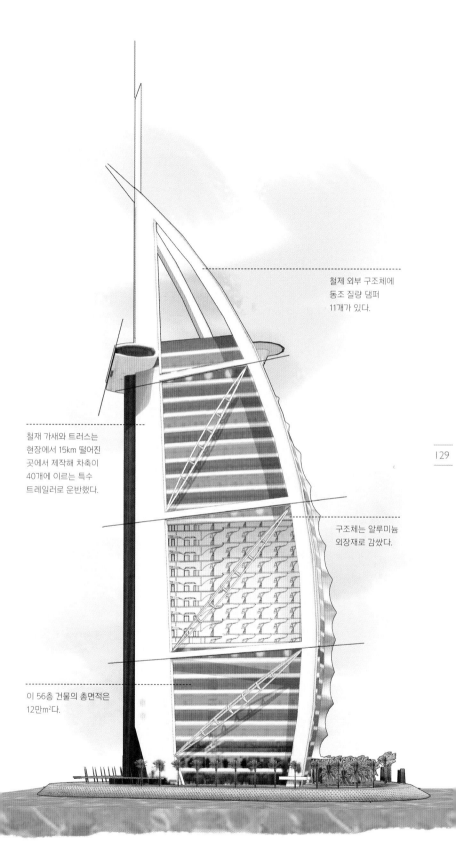

철제 외부 구조체에
동조 질량 댐퍼
11개가 있다.

철재 가새와 트러스는
현장에서 15km 떨어진
곳에서 제작해 차축이
40개에 이르는 특수
트레일러로 운반했다.

구조체는 알루미늄
외장재로 감쌌다.

이 56층 건물의 총면적은
12만m²다.

O-14

아랍에미리트 두바이 • 2010년 • 106m • 24층 • 업무 시설

소유주/개발자 H&H투자개발 H&H Investment and Development • **건축가** 레이저앤드우메모토
Resier+Umemoto, RUR아키텍처 RUR Architecture, 에르가프로그레스 Erga Progress

구조 설계 이스라엘 세이누크 Ysrael A Seinuk • **특징** 구부러지고 구멍이 많은
콘크리트 구조체가 건물 외부에 위치

대지의 역사

비즈니스베이 Business Bay는 두바이 도심과 부르즈할리파 남쪽을 흐르는 두바이 크리크 Dubai Creek강이 관통하는 곳이다. 지금도 개발이 진행 중인 이곳에 사회 기반 시설이 갖춰진 건 2008년이었다. 하지만 세계 경제 위기와 맞물린 탓에 740만m²를 건설하는 작업은 더디기만 했다. O-14는 수로를 따라 조성된 BB.A05.O14 지구에서 몇 안 되는 고층 건물 중 하나다. 건물 이름도 여기서 따왔다.

의뢰

제시 레이저 Jesse Reiser와 우메모토 나나코 梅本菜々子는 학문과 이론을 중심으로 활동하는 건축가여서 실제로 지은 건물이 그렇게 많지는 않다. 두 사람은 부동산 개발용 오피스 빌딩을 위해 대담한 설계안을 내놓았는데, 비즈니스베이에 들어설 다른 고층 건물 설계 공모전에서 이라크계 영국 건축가 자하 하디드 Zaha Hadid에게 밀려 낙선했다. 하지만 H&H 투자개발의 공동 대표인 샤하브 루트피 하르

무지 Shahab Lutfi Harmoozi의 관심을 끌었고, 그들의 독특한 설계안은 살아남을 수 있었다.

건물 형태

RUR아키텍처는 정형화 되지 않은 설계를 시도했다. 첫째, 그들은 H&H투자개발을 설득해 비즈니스베이 마스터플랜에 따라 기단부에 배치한 지상 4층 규모의 주차장을 지하로 보냈다. 그 결과 기단부를 지상 2층으로 만들어 더 많은 사무실을 배치하고 두바이 크리크 강이 내려다보이는 광장에 그늘을 드리울 수 있었다. 둘째, 형태가 일정치 않아서 시공하기가 까다로운 기존 안을 폐기하고 대신 겉과 속이 뒤바뀐 이중 구조체를 선보였다. 구조체와 건물의 외피를 뒤집고 건물 외부를 구부러진 콘크리트 구조체로 만든 것이다. 이 구조체는 사각기둥의 옆면을 누르고 모서리를 둥글게 만든 형태이며, 개구부가 불규칙하게 뚫려 있어 착색 유리벽에 그늘을 드리운다.

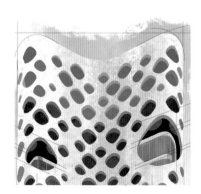

외벽은 지붕으로부터 2개 층에 해당하는
높이만큼 더 뻗어 오른다.

시공 및 구조

구조

눈길을 끄는 형태와 외벽은 많은 사람이 생활하는 대형 개발 지구에서 그저 돋보이기 위한 수단으로만 사용되지는 않는다. 콘크리트 외부 구조체가 대부분의 하중을 담당하고 있어 건물 코어는 구조체 역할을 맡지 않아도 되었다. 덕분에 바닥판 두께를 최소로 줄였으며 외벽과 코어 사이에 놓이기 마련인 기둥도 제거할 수 있었다. 이처럼 구조체를 외부에 둘 수 있는 이유는 다이아그리드 구조를 사용했기 때문이다. 하지만 30세인트메리액스(84쪽)나 광저우타워Guangzhou Tower(152쪽)가 다이아그리드 철제 구조체를 겉으로 드러낸 것과 달리 O-14는 콘크리트 안에 숨겼다. 사선 방향으로 작용하는 힘을 감당하기 위해 수많은 철근을 배근했다는 사실은 마름모꼴 개구부를 사선 방향으로 배치한 데서 드러난다. 폭이 1.4m에서 8.3m인 개구부는 안쪽으로 여러 층이 내다보이는 몇몇을 제외하고는 밖에서 건물 층수가 혼동되도록 배열했다.

시공

외부 구조체가 위로 길게 뽑아 올린 형태라는 점을 고려해 공사에는 규격화된 철제 거푸집으로 제작한 슬립 폼slip form을 사용했다. 그리고 크기가 다섯 가지인 개구부를 만들기 위해 작업자들은 기계 절단한 폴리에틸렌 폼을 멜라민 적층재로 감싸 틀을 만들었다. 외벽을 타설할 때는 콘크리트를 무척 묽게 배합해 이음부를 매끈하게 처리했다. 이렇게 탄생한 독특한 외관은 O-14보다 높이 솟은 수많은 건물 사이에서도 단연 돋보인다.

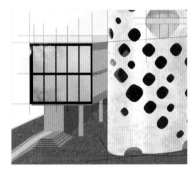

기단부는 본체에서 떨어져 양옆과 뒷면을 감싸고 있기 때문에 길에서 보면 건물이 땅에 닿아 있다.

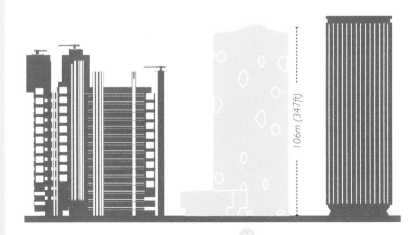

106m (347ft)

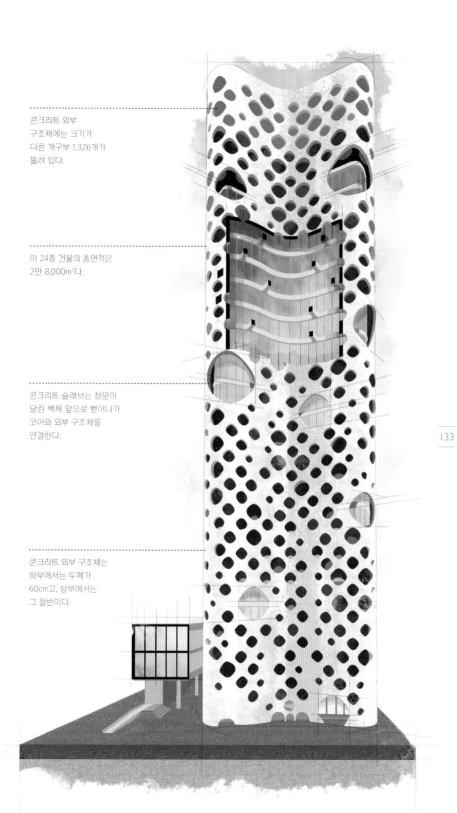

콘크리트 외부
구조체에는 크기가
다른 개구부 1,326개가
뚫려 있다.

이 24층 건물의 총면적은
2만 8,000m²다.

콘크리트 슬래브는 창문이
달린 벽체 앞으로 뻗어나가
코어와 외부 구조체를
연결한다.

콘크리트 외부 구조체는
하부에서는 두께가
60cm고, 상부에서는
그 절반이다.

부르즈할리파
BURJ KHALIFA

아랍에미리트 두바이 • 2010년 • 828m • 163층 • 업무 시설, 주거 시설, 숙박 시설
소유주/개발자 이마르프로퍼티Emmar Properties • **건축가** SOM, 하이더컨설팅Hyder Consulting
구조 설계 SOM, 하이더컨설팅 • **특징** 세상에서 가장 높은 건물이자 세계 최초의 극초고층
빌딩이며 엠파이어스테이트 빌딩보다 두배 이상 높음

세계 최고층

이마르프로퍼티는 두바이 중심부에 주거, 숙박, 업무 시설과 쇼핑몰을 갖춘 대형 복합 시설 건립을 추진하던 첫 순간부터 중심부에 세계 최고층 빌딩을 지을 심산이었다. 설계 공모전에 당선된 SOM 소속 건축가 에이드리언 스미스Adrian Smith의 초기 설계안은 당시 최고층 건물이던 타이베이101(172쪽)보다 불과 10m쯤 높을 뿐이었다. 이는 1931년에 건설한 엠파이어스테이트빌딩 이래 초고층 빌딩의 높이가 증가하는 비율에 어느 정도 들어맞는 수치였다. 하지만 8년 뒤 부르즈할리파가 개장했을 때 공식적으로 발표한 건물 높이는 이전 최고층 건물들보다 훨씬 높았다. 극초고층 빌딩으로 새롭게 명명된 초대형 건물의 탄생이었다.

건물 형태

이렇게 하늘을 찌를 듯한 극초고층 빌딩을 설계할 때는 건축학과 구조 공학이 똑같이 중요하다. 하지만 에이드리언 스미스는 자연과 역사에서 설계 아이디어를 얻었다. 부르즈할리파의 Y자형 평면은 사막 꽃인 히메노칼리스 Hymenocallis의 형태에서 따온 것이고, 계단형 외관을 따라 베이 윈도처럼 설치한 창문은 전통 이슬람 건축 양식을 표현한 것이다.

풍風 공학

역사상 유례 없는 극초고층 빌딩을 짓기 위해 SOM은 풍동 시험부터 시작했다. 초기에는 좋은 결과를 얻지 못했다. 에이드리언 스미스와 SOM의 구조 엔지니어 윌리엄 베이커William Baker는 설계안을 수정했다. 하지만 설계안을 수정하면서 그들이 알 수 있는 건 이전보다 높이 지을 수 있다는 사실뿐이었다. 공사는 오래 이어졌고 경쟁자들이 부르즈할리파를 능가하는 건물을 지으려고 달려들지 모르는 상황이어서 공식 높이는 베일에 싸였다. 얼마나 높이 지을 수 있을지는 완공 날짜가 가까이 다가온 무렵까지도 확실치 않았다. 설계안은 어디까지나 건축가가 건물을 끝단에 이르기까지 나선형 계단 모양으로 줄여나가는 이상적인 방안을 찾으려고 끊임없이 고민한 결과물이었다.

점유 공간의 최고층에서 건물 끝단까지,
즉 비점유 공간vanity height의 높이는 244m다.

시공 및 구조

부벽식 코어

건물을 기존안보다 200m 이상 높일 수 있었던 이유는 윌리엄 베이커가 구조체에 '부벽식 코어buttressed core'를 적용했기 때문이다. 콘크리트 복도 벽과 수직 전단벽, 외곽 기둥으로 이뤄진 건물의 각 날개는 마치 삼각대처럼 건물 중심의 육각 코어를 떠받친다. 이 구조체는 횡력과 비틀림에 매우 강하지만 구조 엔지니어는 건물 전체에 걸쳐 배치한 2층 높이의 기계실에 아웃트리거 다섯 쌍을 추가로 보강했다. 또한 각 날개 외곽에 배치한 기둥은 전단벽 위에 올려놓았기 때문에 건물이 일곱 층마다 뒤로 물러난다고 해도 위치를 옮길 필요가 없었다. 콘크리트 구조체는 156층까지 이어지고 그 위 장식 첨탑과 구조물은 철재 가새 골조가 지탱한다. 이 첨탑과 구조물은 건축가가 건물 꼭대기에서 표현하고자 한 모습을 만족스럽게 보여준다.

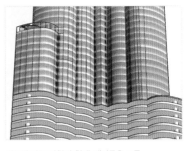

건물의 앞쪽 방향과 형태, 샛기둥은 모두
바람의 영향을 줄이는 쪽으로 고안되었다.

시공

부르즈할리파는 6.7m 온통기초 위에 올라서 있고 온통기초는 지름 1.5m, 길이 43m인 현장치기 말뚝이 받치고 있다. 기초 공사가 완료된 때는 2005년 2월이었고 골조 공사가 100층에 이른 때는 2007년 1월이었다. 골조 공사를 이토록 빠르게 진행할 수 있었던 이유를 두 가지만 꼽자면 시공사 삼성건설이 혁신적인 공법인 오토클라이밍 폼auto climbing form과 고압 콘크리트 펌프를 도입했기 때문이다. 특히 고압 콘크리트 펌프는 압송 높이에서 신기록을 수립했다.

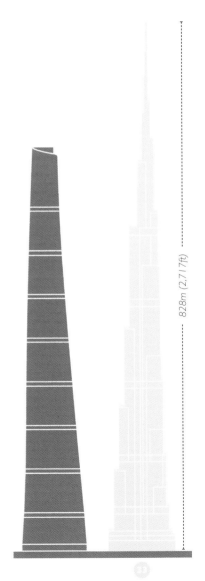

828m (2,717ft)

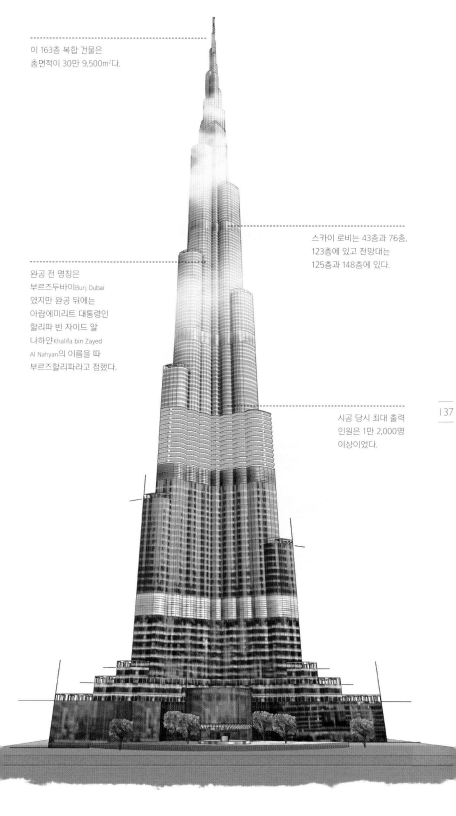

이 163층 복합 건물은
총면적이 30만 9,500m²다.

스카이 로비는 43층과 76층,
123층에 있고 전망대는
125층과 148층에 있다.

완공 전 명칭은
부르즈두바이Burj Dubai
였지만 완공 뒤에는
아랍에미리트 대통령인
할리파 빈 자이드 알
나하얀Khalifa bin Zayed
Al Nahyan의 이름을 따
부르즈할리파라고 정했다.

시공 당시 최대 출력
인원은 1만 2,000명
이상이었다.

마하나콘
MAHANAKHON

태국 방콕 • 2016년 • 314m • 75층 • 주거 시설, 숙박 시설

소유주/개발자 페이스디벨로프먼트PACE Development Corporation • **건축가** 뷔로 올레 스히렌Büro
Ole Scheeren, 호크로크슈디자인Hok Lok Siew Design, OMA Office for Metropolitan Architecture

구조 설계 에이럽, 부이그 태국Bouygues Thai • **특징** 태국에서 가장 높은 건물

대도시

태국어로 '대도시'라는 뜻을 가진 마하나콘은
방콕 실롬Silom 업무 지구에 건립되었다(인구
가 800만 명 이상인 방콕은 태국 내 최대 도
시이며 광역권까지 합치면 인구가 1,500만
명에 육박함). 마하나콘이 들어선 대지에는
스카이트레인Skytrain역과 간선버스 급행체계
Bus Rapid Transit 차로가 있어 복합 용도 개발
에 좋은 입지였다.

복합 용도

페이스디벨로프먼트는 마하나콘의 상업적
성공률을 높이기 위해 주거와 숙박, 상업 시
설을 갖추고자 했다. 대다수 공간은 주거 시
설이 차지한다. 주거 시설 207세대는 리츠
칼튼Ritz-Carlton이 관리하는 곳으로 23층에
서 54층까지는 일반실이고, 57층에서 73층
까지는 특실인 스카이 레지던스sky residence
다. 건물 하부에는 메리어트호텔과 미국 호텔
리어 이언 슈레거Ian Schrager가 합작하여 선
보인 에디션 호텔Edition Hotel이 객실 150개
를 갖추고 있다. 상업 시설은 건물 본체와 떨
어진 저층 건물에 들어섰으며 그 사이에 광장
을 형성한다. 마하나콘 최상부에는 공용 시설
도 있다. 74층과 75층은 전망대이며, 76층
과 77층은 스카이 바가 있다.

픽셀 모양의 끈

뷔로 올레 스히렌은 한때 OMA에서 일하며 베
이징 CCTV사옥CCTV Headquarters(160쪽)
설계에 참여했다. 그는 OMA 재직 시절에 마
하나콘 설계 작업을 시작했다. 스히렌은 일반
적인 고층 건물이 사각 평면을 위로 쭉 뽑아
올린 형태여서 '지루한 느낌'을 준다고 생각
했다. 그래서 픽셀 모양으로 잘라낸 끈을 둘
러 '활기찬 느낌'을 주는 방안을 구상했다. 건
물에서 육면체를 파내어 고층 건물의 생활상
을 겉으로 드러낸 부위는 주거 시설의 테라스
를 이어 만들었다.

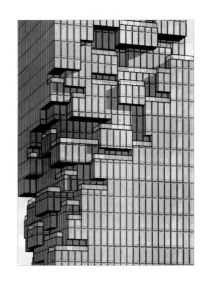

건물을 기묘한 형상으로 짓기 위해
풍동 시험만 36번 실시했다.

시공 및 구조

구조

마하나콘은 건물이 픽셀 모양으로 잘려나간 형태이기 때문에 사각 평면 외곽에 기둥을 연속해서 올릴 수 없었다. 한 변이 약 39m인 평면에 테라스를 만들려면 기둥을 코어 가까이에 배치할 수밖에 없었다. 구조 엔지니어들은 구조체를 설계하면서 코어를 위로 갈수록 좁아지는 형태(하부에서 각 변이 23m, 상부에서는 14m)로 놓고 메가기둥 12개를 한 면당 3개씩 배치해 슬래브를 올렸다. 그리고 2층 높이의 아우트리거 트러스를 각각 19-20층, 35-36층, 51-52층에 설치했다. 메가기둥은 코어와 외곽부 중간에 놓여 있기 때문에 건물에 작용하는 수직 하중이 절반씩 실렸다. 여기에 아우트리거를 설치해 비율을 70 대 30으로 바꿔 구조적으로 더 튼튼한 코어가 수직 하중을 많이 받도록 하는 동시에 건물의 수평 강성도 높였다. 전체 구조체는 두께가 8.75m인 온통기초 위에 올라서 있으며, 온통기초는 지반을 다지기 위해 65m 뚫고 시공한 129개 말뚝 위에 놓았다.

'픽셀'형 테라스가 딸린 레지던스는 그렇지 않은 곳에 비해 가격이 10% 더 비싸다.

전망대

마하나콘은 태국 최고층 건물인 만큼 2층 높이의 실내 전망대 역시 현지에서 가장 높은 전망대로 손꼽힌다. 하지만 중요한 건 높이가 아니라 짜릿한 경험이다. 전망대에 딸린 스카이 트레이Sky Tray는 유리 바닥을 건물 밖으로 내밀고 있어서 방문자들은 314m 지점에서 방콕의 하늘을 걷는 기분을 만끽할 수 있다.

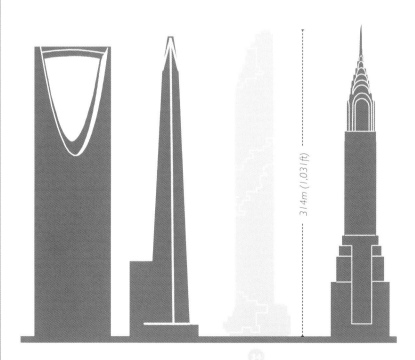

314m (1,031ft)

이 75층 건물의 총면적은
12만 1,750m²다.

건물 안에서 모양이 똑같은
층은 하나도 없다.

마하나콘은 형태 때문에
무게 중심축이 상부에
이르러 45cm 치우친다.
균형을 맞추기 위해
시공사는 건물을 층당
2mm씩 기울여 시공했다.

페트로나스트윈타워
PETRONAS TWIN TOWERS

말레이시아 쿠알라룸푸르 • 1998년 • 452m • 88층 • 업무 시설

소유주/개발자 KLCC프로퍼티홀딩스KLCC Property Holdings

건축가 시저펠리앤드어소시에이츠César Pelli & Associates, 애덤슨어소시에이츠

구조 설계 손턴토마세티Thornton Tomasetti, 란힐베르세쿠투Ranhill Bersekutu

특징 1998년에서 2004년까지 세계에서 가장 높은 건물

설계 공모전

1980년대 말레이시아의 슬랑고르터프클럽 Selangor Turf Club 경마장이 쿠알라룸푸르 외곽으로 이전하자 '골든트라이앵글' 상업 지구 중심지에는 40만m²에 달하는 대지가 빈 땅으로 남았다. 클라게스카터베일앤드파트너스Klages, Carter, Vail & Partners는 이 땅의 개발자로 나서 대형 중앙 공원 주위에 업무, 주거, 숙박 시설을 배치한 마스터플랜을 내놓았다. 그리고 1991년 국영 석유 기업 페트로나스Petronas는 이곳에 사옥으로 사용할 쌍둥이 빌딩을 짓기 위해 설계 공모전을 열었다. 우승자는 건축가 시저 펠리였다. 그는 조형미가 엿보이는 두 건물 사이에 대칭형 공간을 만들어 쌍둥이 빌딩이 인상적인 관문처럼 보이도록 설계했다.

동양과 서양

공모전의 취지는 세계 최고층 건물을 짓는 것이 아니었다. 하지만 1998년 페트로나스트윈타워가 완공되자 34년 동안 시어스타워(현 윌리스타워, 28쪽)가 지켜온 세계 최고층 빌딩 자리의 주인이 바뀌었다. 비록 6년 만에 다른 건물에게 내어줘야 했지만, 페트로나스트윈타워를 기점으로 세계 최고층 건물의 계보가 서양에서 동양으로 이동했다는 점은 주목할 만하다. 시저 펠리가 선보인 설계안은 동서양 문화가 적절히 어우러져 나온 결과물이다. 고층 건물을 짓는 기술과 마천루를 더 높이 짓고자 하는 오랜 열망은 서양 문화에서, 이슬람식 기하학 문양과 말레이시아 전통 건축에서 나타나는 계단형 외관은 동양 문화에서 비롯되었다.

페트로나스트윈타워는 건물 끝단에 이르기까지 폭이 다섯 번 줄어든다.

시공 및 구조

설계 개요

두 건물의 대칭형 평면은 크기가 같은 두 정사각형 중 하나를 45도 돌려 포개놓은 형태다. 이때 밖으로 튀어나온 모서리 여덟 곳 때문에 활용성이 떨어져 안으로 들어간 모서리 여덟 곳에 반원형 공간을 덧대었다. 최종 평면상 안쪽 모서리 열여섯 군데에 세운 콘크리트 기둥은 원형 윤곽선을 그린다. 이 윤곽선은 다시 원형 콘크리트 코어에서도 반복되어 나타난다. 각 층 외부 유리는 스테인리스 스틸 소재의 수평 돌출재가 감싼다. 4개의 돌출재 중 둘은 조망 창 상단에 달린 눈물방울 모양의 차양이고, 나머지 둘은 스팬드럴 판재를 지나는 원형 띠다. 수평 돌출재로 표현한 선은 재료와 공법 면에서 현대적이지만, 설계안에 반영된 동양 건축의 특성을 뚜렷이 나타내고 있다.

시공

설계를 마치고 착공을 앞둔 어느 날 손턴토마세티 소속의 구조 엔지니어가 지반이 약하다며 건물을 남동쪽으로 60m 옮기자고 제안했다. 새로 정한 위치에 마찰 말뚝을 매설하고 나서 온통기초를 타설했다. 콘크리트 구조에 정통한 두 시공사가 건물을 하나씩 맡아 기초 위로 골조를 동시에 올리기 시작했다. 골조 공사는 주당 2개 층씩 진행되었고, 전체 공사는 3년이라는 짧은 시간 안에 끝났다. 그렇게 완공된 페트로나스트윈타워는 쿠알라룸푸르를 넘어 말레이시아를 상징하는 건물로 자리 잡았다.

일반인도 방문할 수 있는 공중 다리는 지상 170m에 걸려 있다.

공중 다리

쌍둥이 빌딩을 41층과 42층에서 잇는 공중 다리는 건물이 표현하고자 하는 관문 이미지를 강조한다. 또한 상층부로 올라가는 스카이로비와 같은 층에 위치하며 대피 통로 기능도 겸하고 있다. 덕분에 저층부에 설치하는 피난 계단 면적이 줄어들었다. 이 다리를 지탱하는 구조물은 속이 빈 아치형 강관 기둥이다. 접합부는 테플론 받침대와 신축 이음expansion joint으로 되어 있어 건물이 움직이면 다리도 따라서 움직인다.

452m (1,483ft)

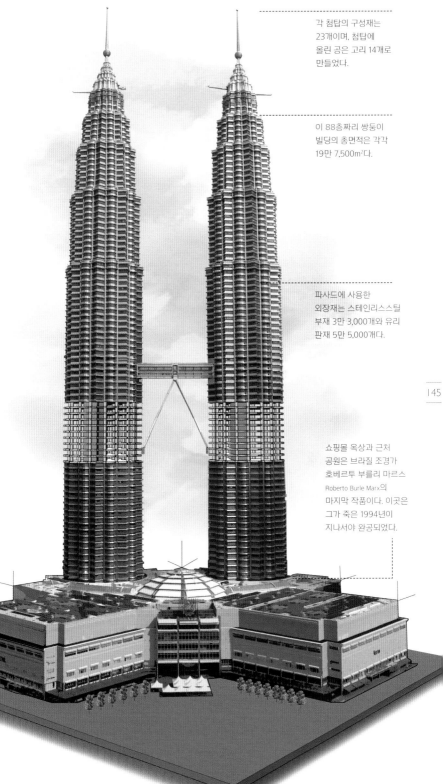

각 첨탑의 구성재는
23개이며, 첨탑에
올린 공은 고리 14개로
만들었다.

이 88층짜리 쌍둥이
빌딩의 총면적은 각각
19만 7,500m²다.

파사드에 사용한
외장재는 스테인리스스틸
부재 3만 3,000개와 유리
판재 5만 5,000개다.

쇼핑몰 옥상과 근처
공원은 브라질 조경가
호베르투 부를리 마르스
Roberto Burle Marx의
마지막 작품이다. 이곳은
그가 죽은 1994년이
지나서야 완공되었다.

오아시아호텔
OASIA HOTEL DOWNTOWN

싱가포르 • 2016년 • 191m • 27층 • 숙박 시설, 업무 시설
소유주/개발자 파이스트오거니제이션Far East Organization • **건축가** WOHA
구조 설계 KTP컨설턴츠KTP Consultants • **특징** 세계 최대 녹화 파사드green façade

녹색 건물

리처드 하셀Richard Hassell과 왕문섬黃文森이 설립한 건축사무소 WOHA는 건물에 수직 정원을 마련하는 설계안을 야심 차게 추진해 왔다. WOHA는 오아시아호텔 다운타운점이 남쪽 녹지의 절반을 차지하자 이를 만회하고자 건물 파사드를 녹화하고 하늘 정원을 조성했다. 이런 접근 방식이 어느 정도나 성공적인지를 계산할 때 그들은 '녹지 대체 비율green plot ratio' 기준을 활용한다. 녹지를 1:1로 대체했다면 녹지 대체 비율이 100%라고 표현하는 식이다. WOHA에 따르면 오아시아호텔의 녹지 대체 비율은 1,100%로 기존 녹지 공간을 11개 쌓은 것과 같다. 외부 파사드에는 알루미늄 그물망 판재에 덩굴식물이 자라고 있다. 이 '녹색 스크린'은 다채로운 붉은빛을 띠는 판재와 대비된다. 파사드 외장재가 부착된 바탕 면은 비바람에 강한 프리캐스트 콘크리트 판재로 이뤄져 있다.

하늘 정원

건물 녹지 비율이 높은 두 번째 이유는 6층, 12층, 21층에 다층형 하늘 정원을 배치했기 때문이다. 널찍한 정원은 두 면이 열려 있는데, 이는 위로 올라가면서 도시 쪽을 바라보는 대형 창문으로 번갈아 가며 바뀐다. 27층 옥상정원은 수영장이 있고 그 위 35m 지점에 둥그런 개구부 오큘러스oculus가 있다.

기능

건물은 로비와 주차장이 있는 5층 높이 기단부에 두 가지 주요 시설을 쌓아올렸다. 7층에서 11층까지는 업무 시설이, 12층부터는 호텔이 들어서 있다. 시설은 모두 좁은 L자형 평면을 이루며 하늘 정원을 내려다본다. WOHA는 하늘 정원을 배치하면서 코어를 네 모서리로 밀어 빈 벽체를 만들었다. 이 부분은 세계 최대 녹화 파사드를 담는 캔버스가 되었다.

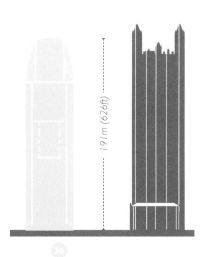

191m (626ft)

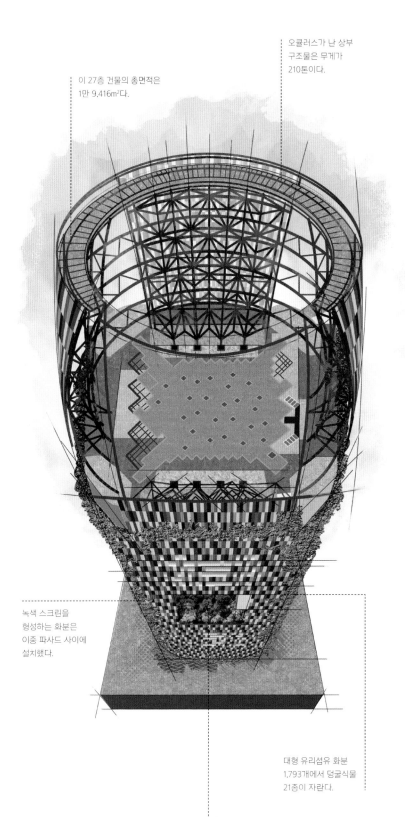

이 27층 건물의 총면적은
1만 9,416m²다.

오큘러스가 난 상부
구조물은 무게가
210톤이다.

녹색 스크린을
형성하는 화분은
이중 파사드 사이에
설치했다.

대형 유리섬유 화분
1,793개에서 덩굴식물
21종이 자란다.

높이 30m인 옥상정원은
도시로 열린 창문과 같다.

비텍스코파이낸셜타워
BITEXCO FINANCIAL TOWER

베트남 호찌민 • 2010년 • 262.5m • 68층 • 업무 시설

소유주/개발자 비텍스코그룹Bitexco Group, 비텍스코랜드Bitexco Land

건축가 카를로스자파타스튜디오Carlos Zapata Studio, AREPAmenagement, Recherche,

Pôles d'echanges Ville • **구조 설계** LERA Leslie E Robertson Associates • **특징** 세상에서 가장 높은

캔틸레버형 헬기장 가운데 하나로 꼽히는 베트남 최초의 캔틸레버형 헬기장

비텍스코그룹

1985년 창립한 비텍스코그룹은 섬유업체로 출발해 생수, 부동산, 쇼핑몰, 에너지 분야 계열사를 거느린 회사로 성장했다. 그룹은 국내외에서 사업을 활발하게 펼치려는 야심에 걸맞게 호찌민시 역사 지구에 회사 이름을 내건 사옥을 건립하고자 했다. 2010년 개장한 비텍스코파이낸셜타워는 세계에서 가장 놀라운 고층 건물 목록에 거듭해서 오르고 있다.

설계 콘셉트

비텍스코파이낸셜타워는 독특한 형태로 주목받는다. 건축가 카를로스 자파타가 베트남 국화인 연꽃의 꽃봉오리를 형상화한 이 유리 건물은 1층 바닥의 볼록하고 모서리가 둥근 마름모꼴 평면에서부터 뻗어 올라간다. 건물 북쪽 면은 나뭇잎 모양의 파사드에 둘러싸인 듯하며 그 반대쪽에는 헬기장이 튀어나와 있다. 외벽은 22층까지 밖으로 기울어 있고 그 위로는 건물 끝을 향해 기운다. 헬기장을 지나면서부터 평면은 마름모꼴에서 삼각형으로 바뀌고 파사드는 오목한 형태로 바뀐다.

헬기장

헬기장은 이 타워에서 눈여겨봐야 할 곳이다. 헬기장은 보통 건물 옥상에 설치하기 마련이지만 이 건물에서는 52층에 캔틸레버형으로 설치했다. 둥그런 헬기장은 건물의 마름모꼴 평면상에서 남동쪽으로 비딱하게 돌출됐는데 마치 근처에 흐르는 사이공강을 향해 손짓하는 것처럼 보인다. 헬기장은 아래쪽 원뿔형 유리 돌출부와 위쪽 삼각형 평면 사이에서 설계 콘셉트인 연꽃 형상을 드러낸다.

캔틸레버 헬기장은 지면에서 191m 지점에 있다.

시공 및 구조

기능

건물 안 상당수 층에는 비텍스코그룹의 사무실을 비롯한 여러 업무 시설이 있다. 하지만 그 외에도 기단부 1층에서 5층 사이에 상업 시설이, 지하 3개 층에 주차장이, 49층에 전망대가, 50층과 51층에 레스토랑이, 헬기장 옆에는 VIP용 라운지가 있다. 2층 엘리베이터는 업무 시설을 오르내리고, 고속 엘리베이터는 전망대로 바로 연결된다.

파사드

커튼월 유리는 직사광선을 차단하기 위해 다양한 문양을 입혔다. 커튼월 안쪽에 달린 루버형 차양은 특히 현대적인 디자인에 전통적인 감각을 더하는 수단으로 사용되었다. 건물 외곽부에서 살짝 불룩한 면은 평평한 판유리로, 급하게 꺾이는 모서리 면은 곡면 유리로 덮었다.

구조

대지 아래가 충적토가 쌓인 연약 지반이어서 구조 설계는 처음부터 난항을 겪었다. 엔지니어들은 말뚝을 75m 깊이로 매설하고 콘크리트 온통기초를 가장 낮은 지하 4층이 아니라 지하 2층에 놓았다. 철근콘크리트로 만든 상부 구조체는 코어 벽체와 외곽 기둥, 평판 슬래브로 이뤄졌다. 건물 주변에 주로 저층 건물이 있는 점을 고려해 코어에 콘크리트 아

우트리거 트러스를 설치했다. 또한 외곽 기둥 한 쌍 사이마다 벨트 월belt wall을 설치해 풍하중에 대한 강성을 높였다. 구조체에 유일하게 철골을 사용한 곳은 헬기장이다. 헬기장은 25m짜리 캔틸레버 보 한 쌍이 지탱한다. 첫 번째 캔틸레버 보 한 쌍에서 직각으로 뻗어 나오는 두 번째 캔틸레버 보는 헬기장 원형 테두리와 최대 2.7톤짜리 헬리콥터를 지탱한다.

기단부는 상업 시설과 회의실, 레스토랑 1만㎡를 수용한다.

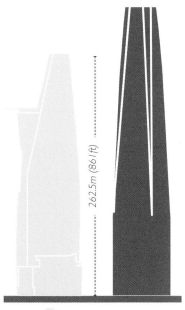

262.5m (861 ft)

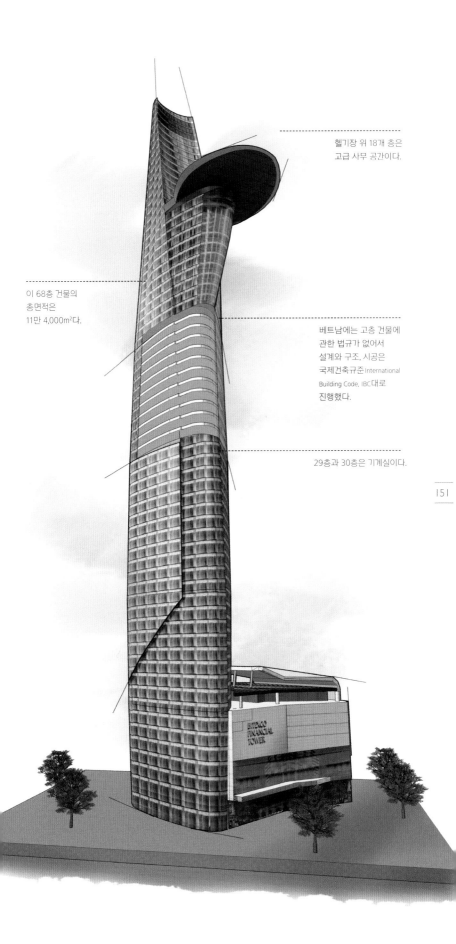

헬기장 위 18개 층은
고급 사무 공간이다.

이 68층 건물의
총면적은
11만 4,000m²다.

베트남에는 고층 건물에
관한 법규가 없어서
설계와 구조, 시공은
국제건축규준International
Building Code, IBC대로
진행했다.

29층과 30층은 기계실이다.

151

BITEXCO
FINANCIAL
TOWER

광저우타워
GUANGZHOU TOWER

중국 광저우 • 2010년 • 604m • 37층 • 방송 시설, 전망대
소유주/개발자 광저우뉴텔레비전타워그룹Guangzhou New Television Tower Group
건축가 IBA Information Based Architecture • **구조 엔지니어** 에이럽 • **특징** 완공 당시 중국에서
가장 높은 건물이었으며 집필 시점을 기준으로 상하이타워Shanghai Tower에 이어
두 번째로 높은 건물로 캔튼타워Canton Tower라고도 불림

설계 공모전

오랜 시간 동안 방송탑은 건축물이라기보다는 구조물이었고 아름답다기보다는 실용적이었다. 암스테르담에서 IBA건축사무소를 이끄는 마크 헤멀Mark Hemel과 바바라 카윗Barbara Kuit은 2004년 광저우 방송탑 설계 공모전에 초청받았다. 두 건축가는 이 방송탑을 기존과는 완전히 다르게 곡선형으로 '섹시'하게 짓겠다는 계획을 세웠다. 그들은 강관 기둥 망과 원형 보, 사선재로 잘록하게 회전하는 형태의 다이아그리드 구조체를 만들어 탑을 감쌌다. 두 건축가는 이 설계안으로 공모전에서 우승을 차지했다.

복합 용도

설계 공모 대상에는 면적 18만m² 공원과 타워 주변 대지 57만m²에 대한 마스터플랜이 포함되어 있었고, 광저우타워 또한 단순한 방송탑 이상의 역할을 하도록 설계되어야 했다. 이곳에는 전시 공간과 4D 영화관, 실내외 전망대, 스파이더 워크Spider Walk라는 실외 하늘 계단, 회전형 레스토랑이 갖춰져 있다. 총 2층인 지하층은 지하철과 지하 주차장으로 연결된다. 타워 상부에는 버블 트램Bubble Tram이라는 기울어진 관람차와 스카이 드롭Sky Drop이라는 짜릿한 놀이 기구가 설치되어 있다. 이 시설은 외부 다이아그리드 구조체에 가려 멀리서는 보이지 않지만 가까이 다가가면 건물 망 안에 떠 있는 물체처럼 보인다.

코어를 따라 올라가는 나선형 계단은
높이 170m 지점에 있는 소형 '건물'의 지붕부터
높이 350m 지점까지 올라간다.

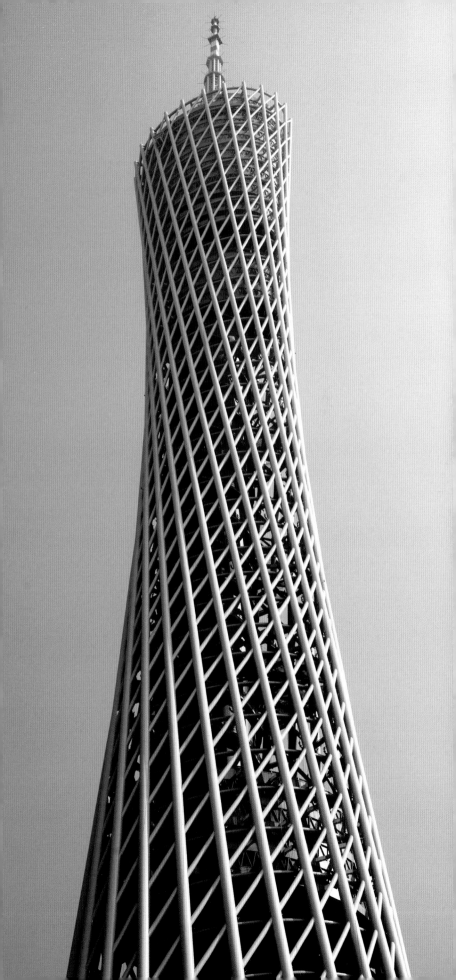

시공 및 구조

구조

광저우타워에 사용한 다이아그리드 구조체 평면은 타원형이다. 구조체 하단의 커다란 평면은 상단에 이르면 크기가 작아지고 약 90도 회전한 형태가 된다. 다이아그리드 구조체를 이루는 콘크리트 충전 강관concrete-filled steel은 크게 세 가지 구성재로 시공했다. 첫 번째 구성재는 강관 기둥 망으로 강관 기둥 25개를 비스듬히 회전시킨 형태로 세웠고 2m였던 하단의 기둥 직경이 상단에서 1.1m로 줄어든다. 두 번째 구성재인 원형 보는 지름이 0.75m이며 15도 기운 상태로 강관 기둥 망 뒤편에 부착된다. 세 번째 구성재인 사선재는 지름이 0.75m이며 강관 기둥과 원형 보가 만나는 지점을 대각선으로 가로지르며 기둥과 접합해 있다. 외벽으로 둘러싸인 다층 공간 네 곳의 바닥판은 다이아그리드로부터 코어까지 이어지는 사각 철골조가 떠받친다. 원형 보가 15도 기울었기 때문에 바닥판은 하중을 수직재에 바로 전달하기 위해 기둥과 결합했다. 마지막으로 타워 높이를 150m 높이는 첨탑 구조물은 지붕 층에서 두 단계로 나눠 제작했다. 면적을 더 많이 차지하는 첨탑 하단을 먼저 만든 뒤 그 안에 상단을 만들어 끌어올렸다. 광저우타워는 2010년 10월에 완공되었고, 아시아게임 개막식날 화려한 불꽃놀이를 펼쳤다.

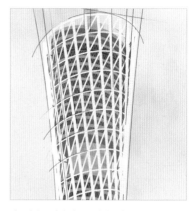

강풍에 흔들리지 않도록 바닥에서 438.4m 지점에 동조 질량 댐퍼를 설치했다.

시공

약 450m 높이의 다이아그리드 구조체를 시공하기 위해 크레인을 외부에 4대, 내부에 1대 배치했다. 구조체를 3분의 1쯤 세운 다음 외부 크레인 3대를 해체했다. 하단에서 상단까지 면적이 똑같은 콘크리트 코어는 슬라이딩 폼sliding form을 이용해 타설했다. 외부에서 제작해 현장에 들여온 다이아그리드 부재는 기둥과 접점 접합부 그리고 원형 보, 마지막으로 사선재의 순서로 시공했다. 강관 골조 6개 층을 설치한 뒤 강관 기둥에 콘크리트를 충전했다. 강관 접합부는 선을 없애기 위해 먼저 볼트로 체결하고 접합부를 용접한 다음에 볼트 체결부를 잘라냈다.

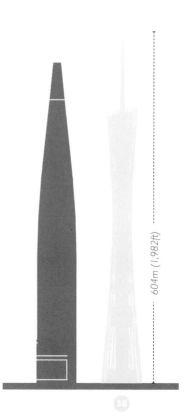

604m (1,982ft)

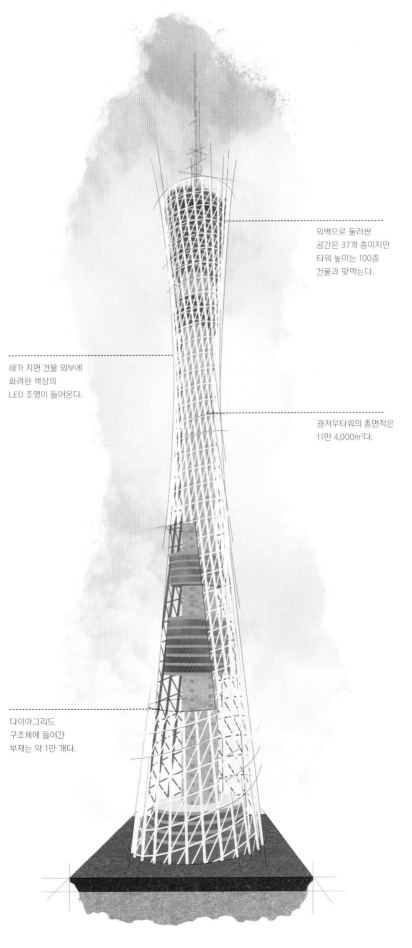

외벽으로 둘러싼
공간은 37개 층이지만
타워 높이는 100층
건물과 맞먹는다.

해가 지면 건물 외부에
화려한 색상의
LED 조명이 들어온다.

광저우타워의 총면적은
11만 4,000m²다.

다이아그리드
구조체에 들어간
부재는 약 1만 개다.

중국은행타워
BANK OF CHINA TOWER

중국 홍콩 • 1990년 • 367m • 72층 • 업무 시설

소유주/개발자 중국은행 홍콩 지점 • **건축가** 아이엠페이앤드파트너스, 쿵앤드리아키텍츠
Kung & Lee Architects • **구조 엔지니어** LERA, VLD Valentine, Laurie & Davis

특징 미국 외 지역에서 305m를 넘은 첫 건물

역사적 배경

1982년 중국은행은 홍콩 중심부에 새 사옥을 건립하기로 했다. 중국과 영국이 홍콩 반환 협정을 맺기 2년 전이었다. 이 협정문에서 영국은 1997년 7월에 자국의 식민지인 홍콩을 중국에 반환하겠다고 서명했다. 이로써 완공 당시 홍콩뿐 아니라 아시아를 통틀어 최고층 건물이던 중국은행타워는 더욱 특별한 의미를 갖게 되었다. 홍콩계 미국 건축가 아이엠 페이가 이 건물을 설계한 건 우연이 아니었다. 1982년 당시 89세였던 그의 부친은 예전에 중국은행 사장직을 맡은 적이 있는 인물이었다.

대지

중국은행타워의 대지는 북쪽의 빅토리아 항구, 부유층이 모여 사는 남쪽의 빅토리아피크 Victoria Peak 사이에 끼어 있고 72층 높이의 고층 건물을 짓는다면 눈에 잘 들어올만한 곳이다. 하지만 과거에는 삼면에 경사로가 있어 건물을 짓기에는 까다로운 곳이었다. 아이엠 페이는 대지에서 가장 높은 북쪽에 자동차 승하차장을 만들고 동쪽과 서쪽에 정원과 분수 시설을 조성했다. 정원과 분수대는 조금씩 낮아지면서 남쪽에 있는 보행자용 광장과 두 번째 출입구 쪽으로 연결되었다. 아이엠 페이는 섬 같은 대지 위에 화강암을 붙인 3층짜리 기단부를 설계했다. 유리와 알루미늄으로 마감된 타워는 이 기단부로부터 쑥쑥 자라나는 것처럼 보였다.

건물 형태

아이엠 페이는 죽순이 생장하는 모습을 빌어 중국은행타워를 설계했다. 그는 13층짜리 모듈 5개를 도식적으로 쌓거나 뒤로 물리는 방식을 사용했다. 이 때문에 정사각형으로 뻗어 올라가던 건물은 25, 38, 51층에 이르러 각 모듈에서 삼각기둥을 덜어낸 모습을 드러낸다. 건물 외관은 나선형이 아니다. 삼각기둥을 북쪽에서 먼저 덜어내고 서쪽과 동쪽 순서로 덜어낸 다음 남쪽에 삼각기둥 모듈을 이중으로 쌓아 올린 형태다. 중국은행타워는 건물 일부가 뒤로 물러날 때마다 지붕 선에 각이 잡혀 마치 종이접기하는 듯한 모습을 보인다.

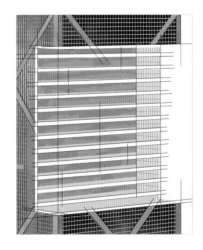

이 건물은 다면형으로 설계되었기 때문에 코어가 측면으로 물러나 있다.

시공 및 구조

구조

건물의 삼각 형태는 자연에서 얻은 영감을 건축적으로 표현하는 동시에 구조체에도 매끈하게 녹아든다. 구조체에 설치한 대형 사선 철골 부재는 수직, 수평 하중을 평면상 각 모서리에 배치한 콘크리트 메가기둥 네 곳에 전달한다. 중앙에 놓은 다섯 번째 기둥은 하중을 19층에서 25층에 걸쳐 있는 대형 아트리움 모서리로 전달한다. LERA가 설계한 복합 구조체는 기존의 오피스 빌딩보다 철골을 절반만 사용했지만 도시를 강타하는 태풍에도 끄떡없다.

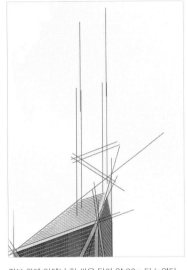

지붕 위에 안테나 한 쌍을 달아 약 80m 더 높였다.

논란

중국은행타워는 홍콩과 독립을 상징하는 건물이 되었지만, 아이엠 페이가 선보인 설계안은 몇 가지 논란을 일으켰다. 우선 건물을 삼각기둥 모양으로 연속적으로 들어낸 탓에 건물 중앙부에 코어를 설치할 수가 없었다. 타워 상단 모듈은 중앙부에 코어가 있지만 아래쪽 코어와 다른 선상에 놓여 있기 때문이다. 한편 풍수 전문가들은 건물에 X자가 연속적으로 나타나 불길하다고 평했는데, 페이는 그 요인인 수평 철골 부재를 없애 그들을 만족시켰다.

파사드

중국은행타워는 수직선과 사선이 강조되어 꼭 만화에 등장할 법한 모습이다. 아이엠 페이는 파사드를 격자형 반사 판유리로 빽빽이 채우고 커다란 알루미늄 덮개로 감싸서 대형 구조재를 강조했다. 조명이 들어오면 구조체를 따라 흐르는 힘이 스카이라인에 그려진다.

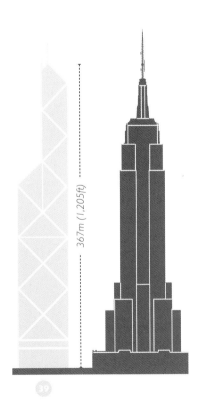

367m (1,205ft)

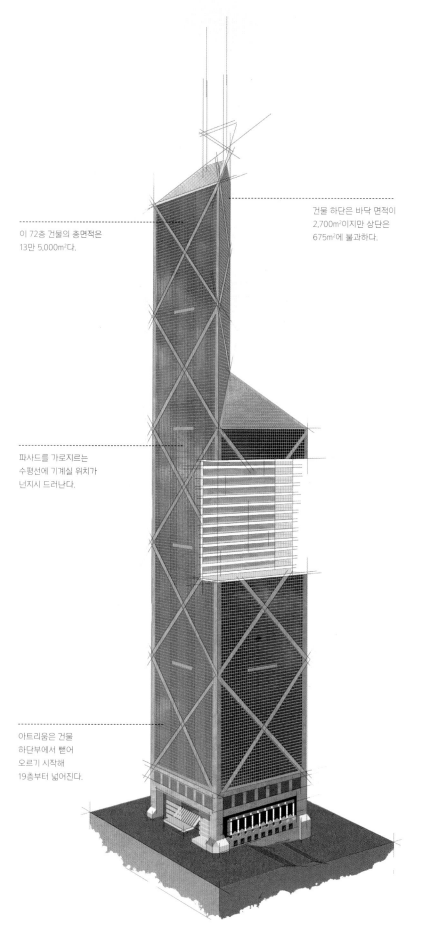

건물 하단은 바닥 면적이
2,700m²이지만 상단은
675m²에 불과하다.

이 72층 건물의 총면적은
13만 5,000m²다.

파사드를 가로지르는
수평선에 기계실 위치가
넌지시 드러난다.

아트리움은 건물
하단부에서 뻗어
오르기 시작해
19층부터 넓어진다.

159

CCTV사옥
CCTV HEADQUARTERS

중국 베이징 • 2012년 • 234m • 54층 • 업무 시설

소유주/개발자 중국중앙텔레비전China Central Television, CCTV • **건축가** OMA, ECADIEast China Design & Research Institute • **구조 설계** 에이럽, ECADI • **특징** 국제초고층학회가 선정한 2013년 최고층 건물. 2008년 올림픽 전에 파사드를 완공하고, 2012년에는 건물 전체를 완공

설계안

일반적인 고층 건물에 반하는anti-skyscraper 고층 건물이 있다면 그건 바로 CCTV사옥이다. 로테르담에 OMA를 설립한 렘 콜하스 Rem Koolhaas는 2002년 CCTV가 개최한 설계 공모전에 출품하면서 고층 건물은 따분하고 1972년 뉴욕에 쌍둥이 빌딩을 지은 이후로 별다른 발전이 없다고 평했다. 콜하스는 베이징 중심 업무 지구에 우뚝 솟은 단일 건물을 지어서 기록을 세우기보다 방송 제작 과정의 편의성을 높이자고 제안했다. 두 건물은 지상 200m 37층에서 길이 75m 캔틸레버를 내밀며 만나는 형태로, 두꺼운 뫼비우스 띠를 닮은 닫힌 고리 모양이었다.

세 덩어리로 이뤄진 것을 보면, 콜하스 역시 기존 방식을 벗어나지 않았다는 걸 알 수 있다. 그는 건물 하단부에 대형 제작 스튜디오를 배치했고, 기울어진 타워 2개 동에는 사무와 조사, 편집 작업을 위한 공간을 두었으며, 돌출부에는 경영실을 배치했다. CCTV사옥의 면적은 47만 3,000m²로 뉴욕 쌍둥이빌딩보다 15% 더 넓다.

기능

'형태는 기능을 따른다.'는 말로 유명한 미국 건축가 루이스 설리번Louis Sullivan은 자신의 건축관을 반영해 고층 건물을 삼단으로 구성했다. 콜하스는 이런 전통적인 틀을 깨고 닫힌 고리형 설계안을 선보였다. 하지만 CCTV사옥이 3층짜리 기단부를 포함해 총 9층인 하단부와 타워 2개 동, 14층짜리 돌출부까지

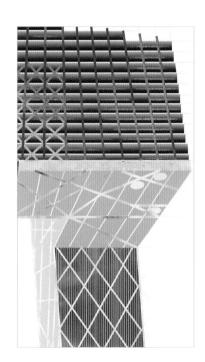

두 타워를 잇는 층의 폭 4m짜리 바닥은 유리 재질이어서 162m 아래가 내려다보인다.

시공 및 구조

구조
그간 초고층 빌딩을 성공적으로 지을 수 있었던 이유는 구조 공학이 발전했기 때문이다. 하지만 콜하스가 정형화된 고층 건물의 선례를 따르지 않으면서 수십 년 동안 축적해온 구조 기술의 일부를 사용하지 못하게 되었다. 에이럽의 구조 엔지니어이자 콜하스와 자주 협업한 세실 발몬드Cecil Balmond는 혁신적인 방법을 찾아야 했다. 그는 철골 가새 튜브 구조steel-framed braced tube system를 선보였다. 기둥과 외곽 보를 격자형으로 짜는 일반적인 구조에 대각 방향으로 무늬를 이루며 가새를 설치하는 방식이었다. 특히나 유리 파사드 전체에 걸쳐 대각 무늬를 이루는 철골 가새는 설계안에서 가장 눈길을 끄는 부분이었다. 대각 가새의 간격은 건물에 작용하는 힘의 크기를 표현한다. 모서리부와 같이 가새 간격이 촘촘한 곳은 힘이 강하게 작용하고 지붕과 같이 간격이 성긴 곳은 힘이 약하게 작용한다.

지진
베이징은 지진이 발생할 수 있는 지역이기 때문에 CCTV사옥은 내진 성능을 시험해볼 필요가 있었다. 엔지니어는 철재와 연성이 비슷한 구리로 7m짜리 모형을 만들어 '흔들리는 책상' 위에 올려놓았다. 단단한 가새 튜브 구조 덕분에 모형은 시험을 무사히 통과했다.

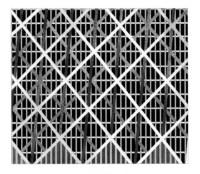
철골 가새 튜브 구조는 사각형을 이루는 철골 가새가 유리 파사드를 가로지른다.

시공
무게가 11만 3,000톤인 철골 구조체는 길이 33m 말뚝이 지탱하는 두께 7m 온통기초에 정착되었다. 외부 구조체와 콘크리트 바닥판은 코어를 시공하면서 한 층 한 층 올렸다. 타워 2개 동을 연결하는 작업은 세심한 계획이 필요했다. 구조 엔지니어들은 구조체의 거동을 관찰하며 연결 부재를 조정했다. 해가 뜨면 철재가 팽창하므로 연결 작업은 아침 일찍 진행해야 했다. 그러던 어느 추운 겨울날 아침 8시, 고리를 닫는 위험한 작업이 완료되었다. CCTV사옥이 베이징 스카이라인에 우뚝 서는 순간이었다.

234m (768ft)

실제 사용 공간의 면적은
47만 3,000m²다.

사람들은 건물 형태를
꽈배기나 바지에 빗댔다.

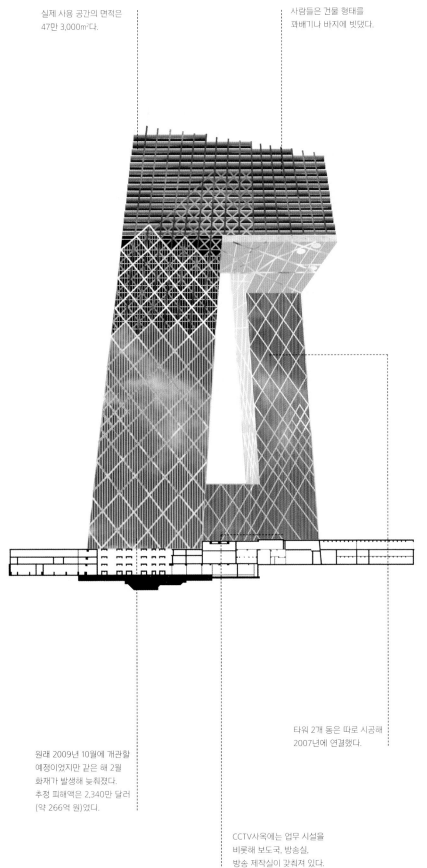

원래 2009년 10월에 개관할
예정이었지만 같은 해 2월
화재가 발생해 늦춰졌다.
추정 피해액은 2,340만 달러
(약 266억 원)였다.

타워 2개 동은 따로 시공해
2007년에 연결했다.

CCTV사옥에는 업무 시설을
비롯해 보도국, 방송실,
방송 제작실이 갖춰져 있다.

상하이세계금융센터
SHANGHAI WORLD FINANCIAL CENTER

중국 상하이 • 2008년 • 492m • 101층 • 숙박 시설, 업무 시설
소유주/개발자 상하이세계금융센터Shanghai World Financial Center Co., Ltd. • **건축가** KPFKohn Pedersen Fox Associates, 모리빌딩컴퍼니Mori Building Company, 이리미야케건설사무소Irie Miyake Architects and Engineers, ECADI, 상하이현대건축설계사무소Shanghai Modern Architectural Design(Group) • **구조 설계** LERA, 에이럽 • **특징** 완공 당시 중국에서 가장 높은 건물이었으며 국제초고층학회가 선정한 2008년 최고의 고층 건물

대지의 역사

상하이세계금융센터는 황푸黃浦강 동쪽 푸둥浦東 신구 루자추이陸家嘴 금융 무역구에 건립하기로 계획한 세 고층 건물 가운데 하나다. 가장 먼저 완공된 것은 SOM이 설계한 진마오타워Jin Mao Tower로, 1999년 완공 당시 중국에서 가장 높은 건물로 기록되었다. KPF가 설계한 상하이세계금융센터는 높이 460m 건물에 맞춰 기초부를 시공한 상태에서 다시 한 번 까다로운 구조 변경을 거쳐야 했다. 건축주가 건물 높이를 약 500m로 높이자고 요구했기 때문이다.

복합 용도

모리빌딩컴퍼니와 KPF가 상하이세계금융센터 초기 개발안을 세울 때부터 업무 시설은 물론이고 문화, 여가, 숙박 시설이 포함될 계획이었다. 푸둥은 상하이를 넘어 중국 제일의 상업 및 금융 중심지로 발돋움했지만 여전히 문화, 여가, 숙박 시설이 부족했기 때문이다.

건물 형태

초기 설계안과 최종 설계안에서 하단부 평면은 정사각형으로 시작해 45도 회전한 갸름한 육각형이 된다. 평면이 변하는 과정에서 건물 형태는 V자형 파사드를 따라 2개의 원호를 그린다. 그에 따라 두 직각부는 위로 갈수록 폭이 좁아진다. 널따란 상단 개구부는 본래 원형으로 만들 생각이었다. 하지만 원형 개구부가 일장기를 연상시킨다는 의견이 있어서 사다리꼴로 바꿨다.

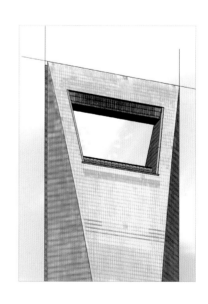

높이가 474m인 '교각형' 전망대는 2008년 완공 당시 세계에서 가장 높은 전망대였다.

시공 및 구조

기초

기초 공사는 초기 설계안대로 1997년에 시작해 이듬해 완공했다. 하지만 아시아에 금융위기가 닥치면서 후속 공사는 중단되었다. 건물의 하부 구조체는 콘크리트 충전 강관 마찰 말뚝 200개를 땅속에 78m 깊이로 박고 지하 17.5m에 온통기초와 지하 바닥판을 타설해 만들었다. 이 기초부는 높이 460m 건물에 맞춰 설계되었다. 하지만 1999년에 공사가 재개되자 건축주는 건물을 더 높이고 면적도 16% 늘리자고 제안했다.

구조 변경

기존 건물의 개념 구조 설계는 에이럽이 맡았지만 더 높은 건물을 짓기 위한 구조 변경은 LERA가 맡았다. LERA는 건물 무게를 10% 줄이면 이미 완공한 기초부로도 더 높은 건물을 지탱할 수 있다고 판단했다. 구조 엔지니어들은 코어 두께를 줄이는 데 초점을 맞췄다. 가장 좋은 방법은 건물 외곽부의 강성을 높이는 것이었다. 이를 위해 각 모서리에 메가기둥을 놓고 사선 보강재와 벨트 트러스, 아우트리거 트러스를 설치해 기둥을 코어에 연결하는 거대 구조체를 만들었다.

파사드

이 건물의 철근콘크리트 복합 구조체는 반사 유리로 감싼 파사드에 가려 눈에 띄지 않지만 투명 유리로 마감한 100층 전망대는 다르다. 바닥이 투명한 유리여서 아래로 하늘 문 Sky Gate이 아찔하게 내려다보인다. 이 사다리꼴 모양의 개구부는 가장 인상적인 부분인 동시에 건물에 작용하는 횡력을 줄이는 데도 큰 역할을 한다.

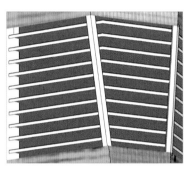

건물 중간부에 나타나는 육각 평면의 각 모서리에는 메가기둥 6개가 서 있다.

492m (1,640ft)

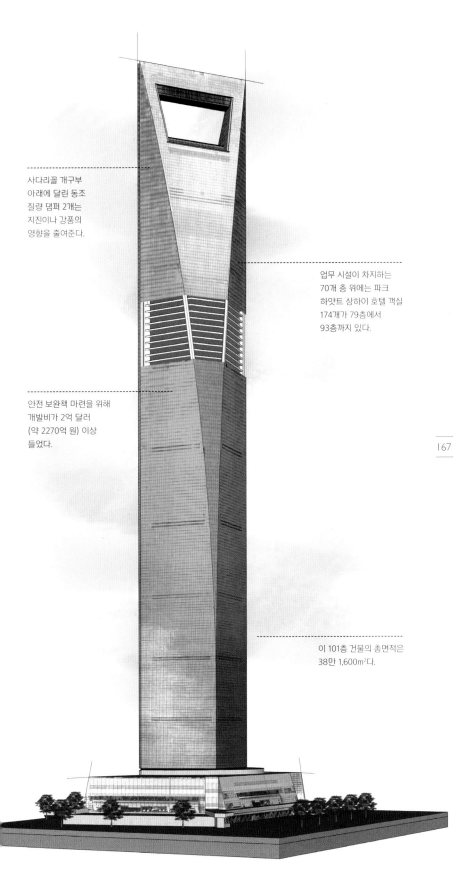

사다리꼴 개구부
아래에 달린 동조
질량 댐퍼 2개는
지진이나 강풍의
영향을 줄여준다.

업무 시설이 차지하는
70개 층 위에는 파크
하얏트 상하이 호텔 객실
174개가 79층에서
93층까지 있다.

안전 보완책 마련을 위해
개발비가 2억 달러
(약 2270억 원) 이상
들었다.

이 101층 건물의 총면적은
38만 1,600m²다.

상하이타워
SHANGHAI TOWER

중국 상하이 • 2016년 • 632m • 128층 • 업무 시설, 숙박 시설
소유주/개발자 상하이타워건설개발Shanghai Tower Construction & Development
건축가 겐슬러Gensler, 통지대학교 건축설계연구원Tongji Architectural Design (Group)
구조 설계 손턴토마세티, 통지대학교 건축설계연구원 • **특징** 중국에서 가장 높은 건물이자
세계에서 두 번째로 높은 건물이며 내부에 21개의 아트리움을 쌓음

대지의 역사

상하이타워는 1990년대 초 루자추이 금융무역구에 건립하기로 계획한 3개의 고층 건물 중 마지막 건물이다. 과거 이 지역은 황푸강이 구부러지는 곳에 반도처럼 튀어나온 농경지였다. 그 뒤 이곳에 잇달아 완공된 각 건물은 점점 높아지고 진보하는 모습을 보였다. SOM이 맡은 진마오타워는 전통적인 탑의 형상이 떠오르도록 설계되었다. 또 KPF가 맡은 상하이세계금융센터(164쪽)는 추상적이고 상징적인 수법을 사용해 위로 갈수록 좁아지는 파사드에 사다리꼴 구멍을 낸 형태로 설계되었다. 한편 겐슬러가 맡은 상하이타워는 여러 면에서 한계를 뛰어넘은 극초고층 빌딩으로 설계되었다.

수직 도시

겐슬러는 2007년 상하이타워 설계 공모전에 친환경성과 커뮤니티 센터를 내세운 설계안을 선보이며 당선되었다. 건물은 기본적으로 12층에서 15층으로 이뤄진 9개 구역을 쌓아놓은 형태이지만 매끄러운 외피 때문에 그런 형태가 겉으로 드러나지 않는다. 건축가는 상하이에서 접한 소규모 중정에서 아이디어를 얻어 중정을 수직으로 재구성했다. 건물의 첫 번째 구역은 상점과 회의 시설, 두 번째에서 여섯 번째 구역은 업무 시설, 일곱 번째에서 여덟 번째 구역은 숙박 시설인 호텔, 마지막 아홉 번째 구역에는 세계에서 가장 높은 개방형 전망대가 들어섰다. 업무 시설과 호텔이 있는 층에서는 각 구역 하단에 조성한 3개의 수직 정원이 내려다보인다. 외부 유리벽과 내부 유리벽 사이에 조성한 이 아트리움은 도시 상공에서 식사하고 여유를 즐길 수 있는 쾌적한 공간이다.

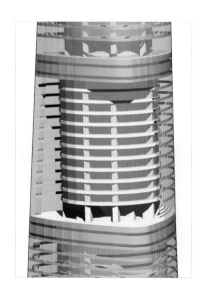

원통형 바닥판이 위로 갈수록 조금씩 작아지기 때문에 건물 외관도 폭이 좁아진다.

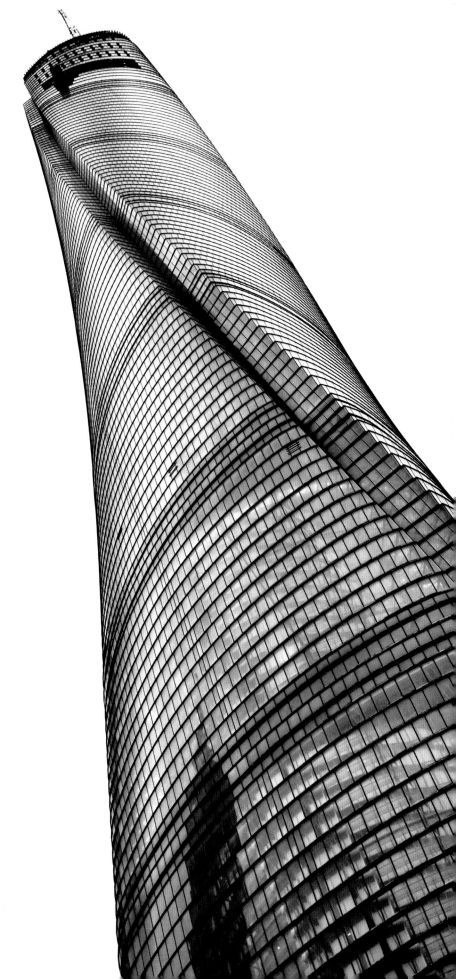

시공 및 구조

파사드

평면을 보면 내부 유리벽은 원형이고 외부 유리벽은 삼각형이다. 이 외부 유리벽은 모서리가 둥글어 기타를 연주할 때 쓰는 픽을 연상시킨다. 두 수직 유리벽 사이 널찍한 공간은 삼각형 각 변의 중간부에서 60cm이고 모서리에서는 10m다. 건물 외피에 사용한 투명 유리는 모양이 7,000가지 이상이고 수량이 2만 589장이다. 이 투명 유리는 각 구역 사이 2개 층을 차지하는 기계실과 피난층에 캔틸레버형 트러스를 설치해 매달았다. 각 커튼월 사이는 간격이 넓기 때문에 외부 유리벽에 버팀대를 설치하고, 둥그런 모서리 쪽은 X자형 버팀대로 더 단단하게 보강했다. 버팀대가 X자형이다보니 한쪽 모서리에 V자 홈을 낼 수 있었다. 이 부분 때문에 회전하면서 위로 좁아지는 형태가 더욱 뚜렷해졌다.

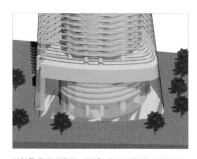

지하를 통해 주차장, 지하철, 주변 지역과 연결된다.

구조

V자 홈은 미관을 위해 만든 것처럼 보이지만 실제로는 구조적인 역할을 한다. 측면에 낸 홈과 120도 회전하는 바닥 평면은 건물에 작용하는 풍하중을 최대 24%까지 줄인다. 덕분에 구조체의 크기가 줄어들어 시공비를 크게 절감했다. 건물에서 수평 하중을 더 많이 부담하는 쪽은 중앙부 사각 코어다. 코어 벽체는 기계실에 설치한 아웃트리거 트러스를 통해 콘크리트 충전 강관으로 만든 메가기둥 네 쌍과 결합한다. 기둥은 기계실에 설치한 이중 벨트 트러스를 통해 서로 연결되어 있기도 하다. 이때 줄지어 늘어선 내부 커튼월과 나란히 뻗어 올라가기 때문에 아트리움과 맞물리지 않는다. 건물 저층부에는 메가기둥들 사이에 다른 메가기둥을 45도로 놓아 구조를 보강했다. 상층부에는 높이 5층, 무게 900톤인 동조 질량 댐퍼(재료는 강판, 구리, 자석)를 설치했다. 댐퍼는 높은 곳에서 바람이 불 때 흔들리는 건물을 잡아준다. 상하이타워 128층을 떠받치는 기초부는 강관 말뚝을 1,000개 이상 매설하고 온통기초를 6m로 타설해서 만들었다. 기초부는 여러 시설을 쌓은 이 건물을 단단하게 지탱한다.

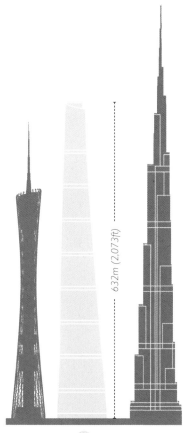

632m (2,073ft)

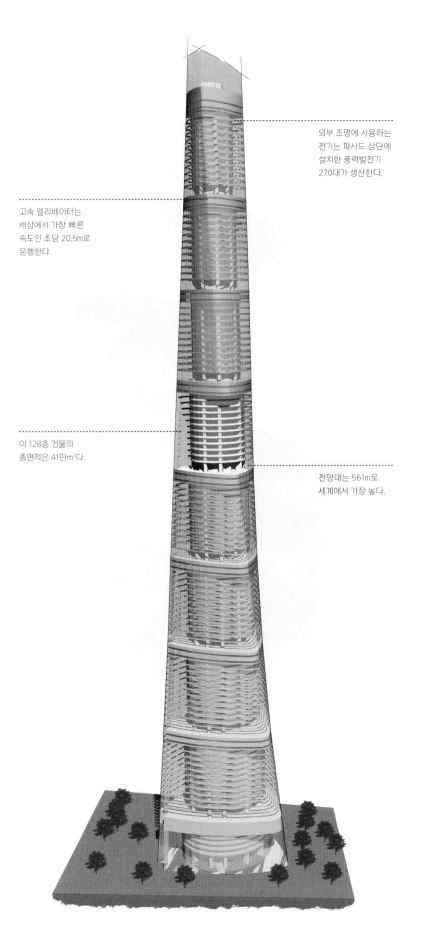

외부 조명에 사용하는
전기는 파사드 상단에
설치한 풍력발전기
270대가 생산한다.

고속 엘리베이터는
세상에서 가장 빠른
속도인 초당 20.5m로
운행한다.

이 128층 건물의
총면적은 41만m²다.

전망대는 561m로
세계에서 가장 높다.

타이베이101
TAIPEI 101

대만 타이베이 • 2004년 • 508m • 101층 • 업무 시설

소유주/개발자 타이베이금융공사 Taipei Financial Center Corporation
건축가 리추위엔건축사사무소 C.Y. Lee & Partners • **구조 설계** 에버그린컨설팅엔지니어링
Evergreen Consulting Engineering, 손턴토마세티 • **특징** 2004년부터 2010년까지 최고층 건물

행운의 숫자 8

중국 문화에서는 8이 행운의 숫자여서 8이 여러 번 들어간 숫자를 아주 길하게 여긴다. 대만에서 가장 높은 건물도 역시 숫자 8에 기반을 두고 있다. 타이베이 신이구信義區 중심지에 자리 잡은 이 건물은 8층짜리 모듈 8개로 이뤄졌다.

전통 건축의 영향

타이베이101의 나팔 모양 모듈 8개가 25층짜리 경사 벽체 기단부와 10층짜리 첨탑 사이에 끼어 있는 모습을 보면 전통 중국식 탑이 떠오른다. 전통 탑은 근대 이전에 세운 마천루나 다름없다. 탑 중에는 높이가 100m에 이르러 주변 지역에서도 보일 정도로 우뚝 솟은 것들도 있다. 주로 목조로 지은 중국식 탑의 각 층은 개별적으로 거동하기 때문에 때때로 발생하는 지진이나 태풍을 견딜 수 있다.

장식

타이베이101은 윤곽선이 눈에 잘 띄는 건물이다. 하지만 건축가는 건물 외관을 그저 큼직큼직한 요소만으로 표현하지 않았다. 리쭈위엔건축사사무소의 리추위엔李祖原과 왕청핑王重平은 전통 건축에서 따온 요소를 스테인리스스틸 장식부로 만들어 건물의 형태를 강조했다. 각 모듈 상단은 구름을 부르는 상징물인 여의如意와 모서리에 달린 용 모양 조각상으로, 가장 아래쪽 모듈과 기단부 상단이 만나는 지점은 대형 동전으로 장식했다.

타이베이101은 높이 500m를 돌파한 첫 고층 건물이다.

시공 및 구조

구조

타이베이101의 명료한 구조 설계는 지진과 태풍이 잦고 지반 조건이 까다로운 대만의 지리적 특성을 합리적으로 고려한 결과물이다. 연약 지반은 매입 말뚝bored pile 380개를 부드러운 미사질 점토층 아래 60m에 있는 기반암까지 박아 넣어서 해결했다. 말뚝 위 온통기초는 콘크리트를 3m 이상 타설해 만들었다. 또한 건물 지하에 물이 들어오지 않도록 지하 연속벽slurry wall으로 101층 건물과 6층짜리 L자형 기단부 건물의 지하 5개 층을 감쌌다. 기초 위에 세운 철골 구조와 복합 구조체는 버팀대를 댄 중앙부 코어를 아우트리거 트러스를 통해 외곽부 슈퍼기둥super column과 연결해 메가프레임을 이룬다. 여기도 행운의 숫자를 적용해 코어부 기둥은 16개, 슈퍼기둥은 8개(한 면당 2개씩)를 배치했다. 아우트리거 트러스는 각 모듈 가장 아래층에 한 층 높이로 설치했다. 전체의 3분의 2를 차지하는 복합 구조체에 사용한 슈퍼기둥은 사방을 강판으로 감싸고 내부에 콘크리트를 충전했다.

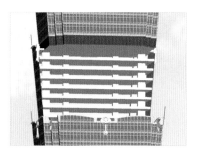

각 모듈의 외벽은 안쪽으로 7도 기울었다.

댐퍼

메가프레임이 건물에 작용하는 횡력을 모두 받아낼 수는 없기 때문에 88층에 대형 동조질량 댐퍼를 설치했다. 댐퍼는 용접 강판을 공 모양으로 켜켜이 쌓아 점성 댐퍼와 유압식 완충 장치에 부착해 만들었다. 대형 추 모양의 댐퍼는 무게가 590톤이며 지진이나 강풍이 가하는 운동에너지를 열에너지로 전환해 건물의 진동을 줄인다. 이 황금색 구는 전망대나 옥상 레스토랑에서 실제로 볼 수 있다.

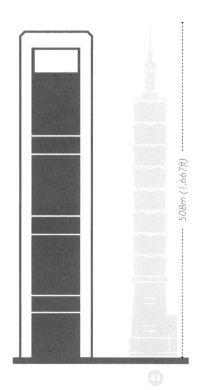

508m (1,667ft)

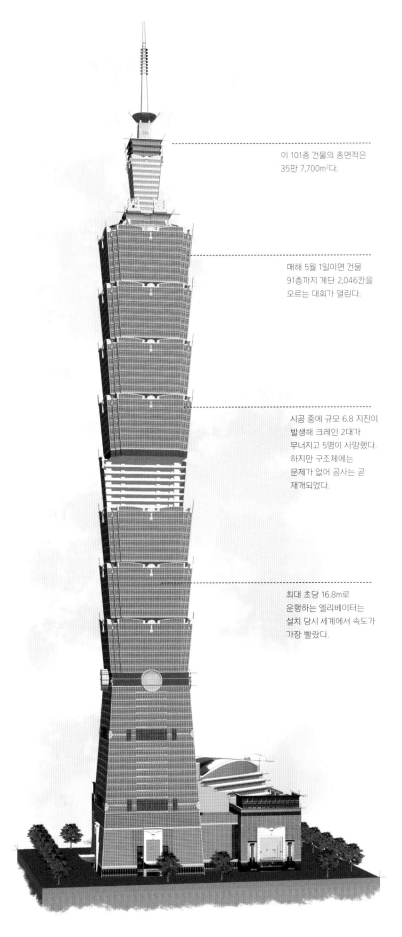

이 101층 건물의 총면적은
35만 7,700m²다.

매해 5월 1일이면 건물
91층까지 계단 2,046칸을
오르는 대회가 열린다.

시공 중에 규모 6.8 지진이
발생해 크레인 2대가
무너지고 5명이 사망했다.
하지만 구조체에는
문제가 없어 공사는 곧
재개되었다.

최대 초당 16.8m로
운행하는 엘리베이터는
설치 당시 세계에서 속도가
가장 빨랐다.

롯데월드타워
LOTTE WORLD TOWER

대한민국 서울 • 2017년 • 555m • 123층 • 숙박 시설, 업무 시설
소유주/개발자 롯데건설 • **건축가** KPF, 범건축종합건축사사무소Baum Architects
구조 설계 LERA, 창민우구조컨설턴트Changminwoo Structural Consultants
특징 완공 당시 세계에서 다섯 번째로 높은 건물

아시아의 초고층 빌딩

21세기 들어 중국은 고층 건물 짓는 일에 상당한 관심을 기울였다. 그 결과 2017년 기준으로 300m 이상의 초고층 빌딩 50여 채가 들어섰다. 반면 면적이 중국의 100분의 1에 불과한 한국은 초고층 빌딩이 단 3채뿐이다. 이 중에서 가장 높은 건물은 롯데월드타워다. 롯데월드타워는 2017년 초 완공 당시 세계에서 다섯 번째로 높은 건물이었다.

롯데그룹

한국의 대기업 중 하나인 롯데그룹은 호텔과 쇼핑몰, 놀이공원을 보유하고 있다. 그룹이 운영하는 놀이공원인 롯데월드는 1989년 관광객이 많이 찾는 서울 잠실에 문을 열었다. 이곳은 전 세계 실내 놀이공원 중에서 면적이 가장 큰 곳으로 손꼽힌다. 롯데월드에서 길을 하나 건너면 바로 롯데월드타워와 롯데월드몰이 나온다. KPF가 설계한 11층 규모의 롯데월드몰에는 쇼핑몰과 영화관, 콘서트홀, 아쿠아리움이 있다. 롯데월드타워에는 업무 시설과 고급 호텔 객실 260개, 유리벽을 두른 전망대, 기타 부수 시설이 총 123층 건물에 걸쳐 들어 있다. 대형 마천루를 지으려는 롯데그룹의 열망은 오랫동안 난관에 부딪혔다. 롯데타워를 짓기 위해 최종적으로 건축 허가를 받기까지만 15년이 걸렸다. 롯데그룹은 허가를 받는 대가로 공군 비행기가 건물과 충돌하지 않도록 인근 공항의 활주로 재공사 비용을 부담하기로 했다.

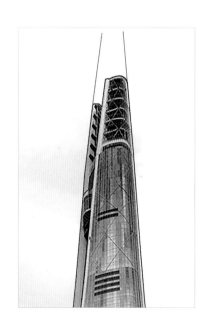

다이아그리드 철제 구조체는 지붕에 57m 높이로 솟은 첨탑을 비롯해 타워 상부를 지탱한다.

시공 및 구조

건물 형태

롯데월드타워의 외부 형태는 공기역학적으로 단순하지만 내부는 외부와 달리 단순하지 않다. 12종이 넘는 시설을 수용해야 하기 때문이다. 롯데월드타워의 정사각 평면은 업무 시설 상부까지 거의 수직으로 올라오다가 그 뒤로는 지붕 위로 뻗은 조명탑에 이를 때까지 점차 좁아진다. 롯데월드타워 설계를 맡은 KPF는 오래전에 지은 존핸콕센터(24쪽)의 사례와 마찬가지로 채광을 위해 건물을 위로 갈수록 좁아지는 형태로 설계했다. 업무 시설은 바닥판이 건물 외벽으로부터 깊숙이 들어가도 상관없지만 오피스텔이나 호텔은 그렇지 않아서 이런 형태가 만들어졌다. 평면을 보면 두 대각 모서리는 둥글고 다른 두 모서리는 움푹하다. 수직 판재가 달린 두 L자형 커튼월로 감싸다가 2개 커튼월이 만나는 지점에서 떨어뜨려 놓았기 때문이다. 움푹 들어간 두 부위는 위로 갈수록 넓어지다가 조명탑에 이르러 독특하게 벌어진 공간이 된다. 조명탑 아래 움푹 들어간 부위가 끝나는 곳에는 전망대가 튀어나와 있다. 아찔한 광경이 펼쳐지는 이 전망대는 세계에서 가장 높은 유리 바닥 전망대다.

구조

롯데월드타워는 레미콘 차량 5,000대 분량의 콘크리트를 타설해서 만든 6.5m 온통기초 위에 올라서 있다. 온통기초 아래는 지반 침하를 막기 위해 지름 1m짜리 말뚝을 박았다. 상부 구조체는 철근콘크리트 코어와 콘크리트 메가기둥 8개, 기둥 사이에 배치한 외곽 기둥, 3층 높이 아우트리거 트러스 2개, 3층 높이 벨트 트러스 2개로 이뤄졌다. 바닥판은 86층까지 철골 보에 데크플레이트를 깔고 콘크리트를 타설해 만들었고, 그 위로는 일반 콘크리트 슬래브로 만들었다. 메가기둥은 86층까지만 올라오고 외곽 철골 기둥과 철골 보는 그 위에서도 사용된다. 외부로 드러나는 강관 다이아그리드 구조체는 조명탑을 지탱한다. 이 유리 조명탑은 한국 최고층 건물의 꼭대기를 우아하게 장식한다.

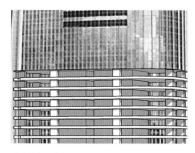

파사드의 수평 줄무늬 너머로 기계실 층이 보인다.

555m (1,819ft)

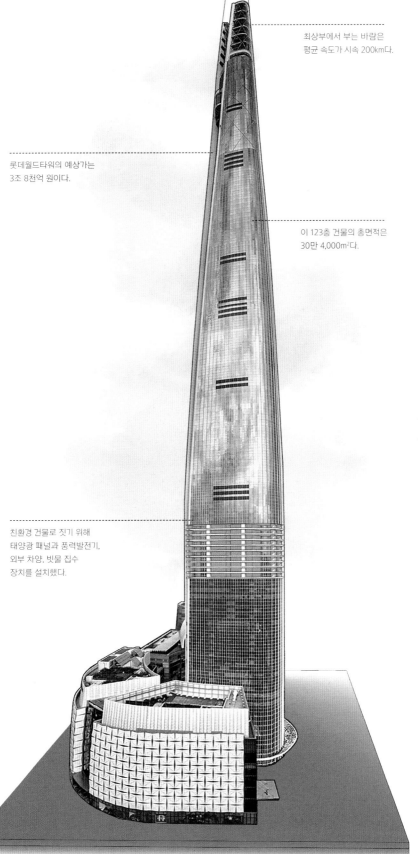

최상부에서 부는 바람은
평균 속도가 시속 200km다.

롯데월드타워의 예상가는
3조 8천억 원이다.

이 123층 건물의 총면적은
30만 4,000m²다.

친환경 건물로 짓기 위해
태양광 패널과 풍력발전기,
외부 차양, 빗물 집수
장치를 설치했다.

모드학원코쿤타워
MODE GAKUEN COCOON TOWER

일본 도쿄 • 2008년 • 204m • 50층 • 교육 시설

소유주/개발자 모드학원Mode Gakuen • **건축가** 단게도시건축설계사무소Tange Associates
구조 설계 에이럽 • **특징** 일본에서 첫 번째, 세계에서 두 번째로 높은 교육 시설

수직 캠퍼스

'코쿤'이라는 이름은 도쿄 번화가 신주쿠에 자리 잡은 이 건물에 딱 맞는 명칭이다. 불룩하게 생긴 타워는 누에고치 속에 들어앉은 것만 같다. 이곳에는 패션 학교를 비롯한 3개의 직업학교가 차례로 포개 있다. '코쿤'은 다른 비유를 상징하기도 한다. 여기서 학생들이 앞으로 '날개를 달고 훨훨 날아가야 하니' 학교에서 잘 가르치고 진로를 준비시켜주자는 의미를 담고 있다. 모드학원코쿤타워는 도쿄에서 가장 혼잡한 역인 신주쿠역 근처에 있다. 이 지역의 건물 밀도와 부동산 가격을 생각하면 학교는 수직 캠퍼스로 짓는 수밖에 없었다. 학원이 운영하는 3개의 학교는 도쿄모드학원(패션), HAL도쿄(정보 통신), 슈토이코Shuto Iko(의료)이며 50층 건물에 수용 가능한 학생 정원은 총 1만 명이다.

평면

코쿤타워의 형태와 파사드는 기성품처럼 보이지만 건물 외관을 결정지은 건 평면 구성이었다. 건축가 단게 겐조丹下健三의 아들인 폴 단게Paul Tange는 건물 각 층의 원형 평면에 사각형 강의실을 세 곳 배치했다. 이 교실은 서로 떨어진 채 120도 회전한 형태를 띤다. 그리고 세 교실 사이에는 3층 높이의 학생 휴게실이 있는데 각각 동쪽, 남서쪽, 북서쪽으로 커다란 곡선형 유리창이 트여 있어 밖을 내다볼 수 있다. 평면 중앙에 놓인 Y자 코어의 각 다리에는 세 학교 중 한 곳으로 운행하는 엘리베이터가 설치되어 있다.

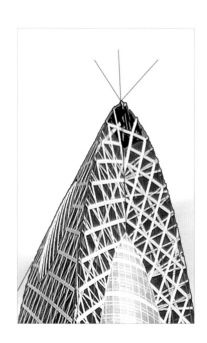

사선 보강재는 건물 상단까지 뻗어 옥상 시설을 덮으며 '코쿤'이 담고 있는 비유를 완성한다.

시공 및 구조

곡선형 외관

건축가는 사각형 강의실과 곡선형 휴게실을 그대로 뽑아 올리는 대신 건물 양단을 위로 갈수록 좁아지도록 설계했다. 조경 공간을 더 확보하고 누에고치 상단을 독특한 모양으로 만들기 위해서였다. 타워는 지상에서 달걀처럼 생긴 8층 건물과 연결된다. 이 건물에는 강당 두 곳과 상점, 지하 주차장이 있다. 코쿤타워와 계란형 건물의 주출입구는 두 건물 사이에 놓여 있다. 강의실 꼭대기 층에는 커다란 타원형 창문을 뚫었다.

3층짜리 휴게실은 수직 캠퍼스에서 소규모 커뮤니티 공간으로 활용된다.

구조

에이럽은 이 구조체를 두 가지로 설계했다. 하나는 강의실 쪽에 설치한 세 타원형 다이아그리드 프레임이고 또 다른 하나는 콘크리트 충전 강관 기둥 12개를 배치해서 만든 내부 코어다. 휴게실 유리 벽체는 다이아그리드 프레임과 연결되는 이중 아치형 비렌딜 트러스가 지탱한다. 타워는 잦은 지진을 견뎌야 하고 중간부 평면이 건물을 따라 회전한 듯한 형태이기 때문에 15층에서 39층에 이르는 내부 코어에 점성 댐퍼를 6개씩 설치했다. 기둥 배치가 복잡하기 때문에 지반에 현장치기 말뚝을 박고 그 위에 3.8m 온통기초를 놓은 다음에 구조체를 시공했다.

지붕

타워의 독특한 상부는 헬기 착륙장과 창문 청소 통로라는 까다로운 기능을 수행한다. 창문을 청소할 때는 중앙에 놓인 회전판과 Y자형 레일 그리고 필요한 곳에 곤돌라 걸이를 내밀 수 있도록 파사드에 낸 개구부를 이용한다. 그 위쪽에는 접이식 헬기장이 있다. 헬기장은 응급 상황이 발생했을 때 유압식 잭을 이용해 8분 만에 열 수 있다. 이 두 시설은 파사드 뒤에 숨어 있다.

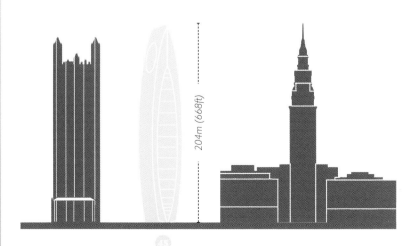

204m (668ft)

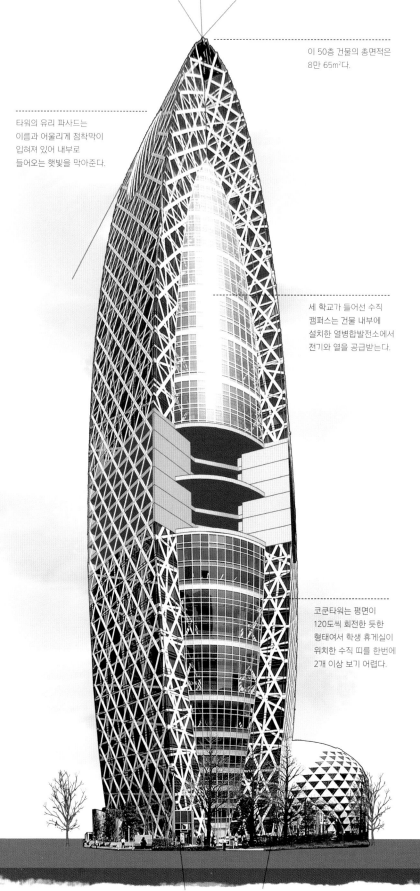

이 50층 건물의 총면적은
8만 65m²다.

타워의 유리 파사드는
이름과 어울리게 점착막이
입혀져 있어 내부로
들어오는 햇빛을 막아준다.

세 학교가 들어선 수직
캠퍼스는 건물 내부에
설치한 열병합발전소에서
전기와 열을 공급받는다.

코쿤타워는 평면이
120도씩 회전한 듯한
형태여서 학생 휴게실이
위치한 수직 띠를 한번에
2개 이상 보기 어렵다.

Q1타워
Q1 TOWER

호주 골드코스트 • 2005년 • 323m • 78층 • 주거 시설

소유주/개발자 선랜드그룹Sunland Group, 서퍼스파라다이스비치호텔Surfers Paradise Beach Hotel • **건축가** 선랜드그룹, 버컨그룹The Buchan Group, 이노바르키Innovarchi

구조 설계 에이럽, 웨일리컨설팅그룹Whaley Consulting Group • **특징** 호주 최고층 건물이며 완공된 해부터 2011년까지 세계 최고층 주거 시설

골드코스트

호주 퀸즐랜드Queensland주 남동쪽에 위치한 골드코스트Gold Coast는 주요 지역을 제외하면 규모가 가장 큰 도시다. 관광객과 레저 인파가 끊이지 않는 곳이기도 하다. 20층 이상 건물이 최소 100채가 들어선 도시이지만 사람들에게는 주로 테마파크 중심지로 알려져 있다. 이 휴양 도시에 세워진 고층 건물은 대개 주거 전용 시설이다. 그중에서도 가장 높은 건물이 바로 Q1타워다.

퀸즐랜드 넘버원

서퍼스파라다이스 해변 고층 건물 지구에 위치한 Q1타워는 이란계 호주인이자 부동산 개발업자인 소헤일 아베디안Soheil Abedian이 세웠다. 아베디안이 설립한 선랜드그룹이 Q1타워의 개발과 설계, 시공을 맡았다. 건축가 스테파니 스미스Stephanie Smith와 켄 맥브라이드Ken McBryde가 대표로 있는 이노바르키는 상점이 들어선 기단부를 설계했다. 타워 개발안은 2000년 시드니 올림픽이 열린 해에 구상되었고, Q1타워는 시드니 오페라 하우스나 올림픽 성화 디자인에서 아이디어를 얻어 설계되었다. 올림픽과 Q1타워의 관계는 시대를 거슬러 올라간다. Q1이라는 건물 명칭은 1920년대에 호주 대표로 올림픽에 출전한 퀸즐랜드 넘버원이라는 조정 경기 팀의 이름에서 따온 것이다.

건물 형태

전체 대지에서 Q1타워가 차지하는 면적은 10%에 불과하고 나머지는 정원과 폭포, 수영장, 스파, 만찬장, 야외 상점가가 차지한다. 야외 상점가는 방문객을 타워 안으로 끌어들이는 역할을 하고 상점가 유리 지붕은 타워를 올려다보는 프레임이 된다. 건물 평면은 타원형 한쪽 끝을 깎아낸 모습이다. 평면상에서 오목하게 들어간 면은 서퍼스파라다이스 대로를, 볼록한 두 면은 동쪽에 있는 해변과 바다를 마주 본다.

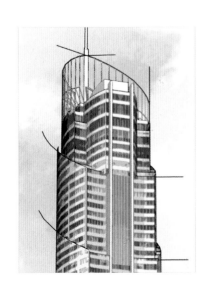

실제 사용하는 최고층인 77층부터 타워 꼭대기까지의 높이 차이는 88m다.

시공 및 구조

건물 상단

Q1타워에서 올림픽 성화의 모습이 가장 뚜렷하게 나타나는 곳은 건물 상단이다. 77층 전망대에 오르면 바이런베이Byron Bay에서부터 브리즈번Brisbane에 이르는 풍경이 펼쳐진다. 유리와 철재로 만든 이 장식부 위로는 스테인리스스틸로 된 높이 93.5m 첨탑이 솟아 있다. 첨탑을 더 가까이에서 보고 싶다면 스카이포인트 클라임SkyPoint Climb이라는 야외 계단을 오르면 된다. 2010년 경사 유리벽을 따라 추가로 설치한 이 시설은 고도 270m 지점까지 이어진다.

파사드

Q1타워의 타원형 유리 커튼월은 단열 판유리와 흰색 스팬드럴 판재가 번갈아 나타나며 줄무늬를 이룬다. 커튼월은 같은 곡률을 이루며 층층이 쌓이는 것처럼 보이다가 상단부에 이르러 폭이 조금씩 줄어든다. 커튼월과 건물 상단부의 경사면을 바라보다 보면 시선이 높이 솟은 첨탑에 이른다.

구조

Q1타워는 지름 2m, 길이 40m 말뚝을 두께 4m 기반암에 정착시킨 뒤에 시공했다. 건물의 상부 구조체는 외곽 기둥과 코어를 콘크리트 벽으로 연결한 철근콘크리트조다. 외관은 공기역학적으로 설계해 건물에 작용하는 바람의 영향을 줄였다. 하지만 바람이 많이 부는 날에는 스카이포인트 클라임에 오르지 않는 편이 좋다.

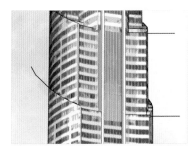

지상에서 180m 지점에 있는 60층에는 높이가 30m인 실내 하늘 정원이 조성되어 있다.

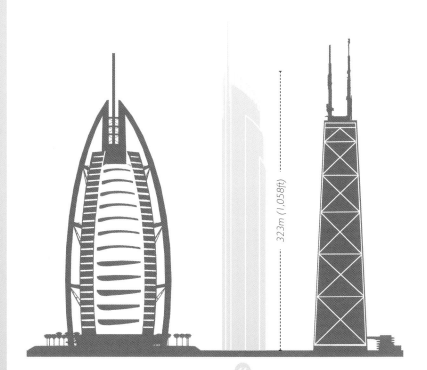

323m (1,058ft)

AUSTRALIA

186

46

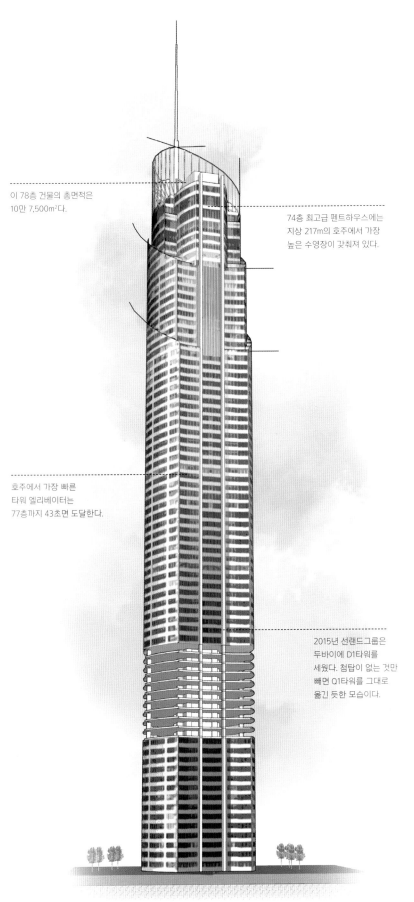

이 78층 건물의 총면적은
10만 7,500m²다.

74층 최고급 펜트하우스에는
지상 217m의 호주에서 가장
높은 수영장이 갖춰져 있다.

호주에서 가장 빠른
타워 엘리베이터는
77층까지 43초면 도달한다.

2015년 선랜드그룹은
두바이에 D1타워를
세웠다. 첨탑이 없는 것만
빼면 Q1타워를 그대로
옮긴 듯한 모습이다.

용어 해설

가새 튜브 구조braced-tube system 수평 하중에 대응하기 위해 건물 외곽에 사선 보강재를 설치한 구조

거나이트gunite 시멘트와 모래, 물을 섞은 모르타르로 벽체에 압축 분사하는 작업

골프티golf tee 골프공을 올려놓는 물건

공기조화air conditioning 난방, 환기, 냉방을 통칭

굴뚝 효과stack effect 아트리움과 같은 수직 공간에서 데워진 공기가 상승하는 현상

그룹플랜Group Plan 클리블랜드 시내를 개발하기 위한 도시 계획의 명칭

극초고층megatall 높이가 600m 이상인 건물

기계실 층mechanical floor 보일러나 냉각기, 발전기, 펌프 등의 기계 장비를 수용하는 장소

널말뚝 벽sheet-pile wall 지하수나 토사 등의 수평 압력을 견디기 위해 지반에 나무, 철재, 콘크리트 말뚝을 삽입한 벽체로 주변부에 터파기 하기 전에 시공

네오고딕neo-gothic 중세 고딕 양식을 새롭게 되살린 예술 양식으로 19세기 유럽에서 유행

다이아그리드diagrid 하중을 담당하는 사선 격자 모양의 철제 구조체로 수직, 수평 하중을 모두 견딜 수 있어 고층 건물을 짓는 데 널리 쓰임

데크플레이트deck plate 콘크리트 슬래브를 타설 시 거푸집 대신 사용하며 주로 주름 강판을 사용

동조 질량 댐퍼tuned mass damper 건물 상부에 구조물의 고유 진동수와 같은 진동수로 건물 반대 방향으로 움직이는 무거운 물체를 설치해 수평 하중으로 구조물이 흔들리는 현상을 막는 장치

레지던스residence 호텔식 서비스를 제공하는 오피스텔 개념의 주거 시설

루버louver 통풍이나 환기를 위해 수평으로 평판을 설치한 시설

메가기둥mega column 여러 부재를 복합적으로 사용해 만든 기둥

메가트러스megatruss 삼각 구조물을 이용한 초대형 지붕 제작 공법

못박음 콘크리트nailing concrete 못을 쉽게 박을 수 있고, 박은 못을 단단하게 하는 콘크리트

배연탑smoke tower 고층 건물을 수직으로 가로지르는 화재 연기 배출 통로

벨트 월belt wall 두 기둥 사이에 철근을 벨트 모양으로 배근하여 횡력을 보강하는 벽체

보자르beaux-arts 19세기 중반 파리의 미술학교인 에콜드보자르에서 가르친 건축 양식

벨트 트러스belt truss 구조체의 강성을 높이기 위해 건물 주변부를 허리띠처럼 감싸는 트러스

복합 튜브 구조bundled-tube system 수평 하중에 대응하기 위해 건물 외곽 프레임을 하나로 묶은 구조

볼트vault 아치를 연속시켜 놓은 구조체

버트 조인트 글레이징butt-joint glazing 외부 커튼월을 평평하게 시공하기 위해 구조용 실란트와 내부 샛기둥을 사용해 유리와 유리를 맞잇는 공법

브루탈리즘brutalism 철재나 콘크리트 등의 재료를 가공하지 않고 사용하거나 기계나 설비를 그대로 노출해 거친 느낌을 주는 건축 양식

비렌딜 트러스vierendeel truss 위아래 부재가 수직으로 단단하게 연결되는 트러스, 한 층 이상 제작

빌바오 효과 Bilbao effect 랜드마크를 세우면 도시 경제가 부흥하는 현상

사선 제한setback 주로 채광을 위해 건물을 거리나 보도, 대지 경계선으로부터 뒤로 물리는 조례이며 조경과 거리 분위기 조성에 도움이 됨

사슬형 아치catenary arch 포물선을 뒤집은 모양(사슬 혹은 밧줄의 양 끝을 고정하고 늘어뜨려 뒤집은 모양)의 아치로 하중을 지탱할 때 이용

상부 구조체superstructure 고층 건물의 지상 구조체

수직관riser 코어 내에 각종 관이나 전기 설비를 설치하는 수직 통로

순 경간clear span 기둥과 기둥 사이 트인 공간

소피트soffit 수평 부재의 하부를 이르는 서양 건축 용어로 천장과는 다름

스카이 로비sky lobby 저층부와 고층부 엘리베이터를 갈아타는 층, 단일 축에서 여러 대를 운행

스팬드럴spandrel 커튼월 시공 시 기둥이나 슬래브 가장자리를 가려주는 부재

슬래브slab 철근콘크리트로 시공하거나 철골 프레임 위에 올린 철제 데크플레이트로 시공한 바닥판

슬라이딩 폼sliding form 굴뚝과 같이 평면이 일정한 구조물에서 사용하는 거푸집으로 서서히 끌어올리며 콘크리트를 타설함

슬립 폼slip form 콘크리트를 타설한 뒤 굳으면 거푸집을 수직 방향으로 서서히 끌어올려 콘크리트를 연속적으로 타설하는 공법

신축 이음expansion joint 구조재를 분리 시공하고 그 사이를 구리나 황동판으로 이은 것

아우트리거outrigger 두 구조체를 연결해주는 부재로 일반적으로 트러스형이 쓰임

아트리움atrium 여러 층에 걸쳐 널찍하게 둘러싸인 공간으로 주로 건물 중앙에 위치

양극 산화anodized 금속재 내구성을 증진하는 방법

열주colonnade 지붕을 떠받치기 위해 일정한 간격으로 세우는 다수의 기둥

오큘러스oculus 벽체나 돔 최상부에 낸 원형 개구부

오토클라이밍 폼auto climbing form 유압식 잭을 이용해 자동으로 상승하는 거푸집

온통기초 mat foundation 건축물 최하단의 전면 또는 광범위한 부분에 기초 슬래브를 두는 방법

용도 지구 조례 zoning 건물의 용도나 대지건물비율, 용적률, 높이 등을 규제하는 조례

이중 바닥 raised floor 바닥을 띄우고 그 아래로 각종 배선이나 시설이 지나게 하는 방법

전단벽 shear wall 바람이나 지진 등의 수평 하중을 견디는 구조용 벽체로 '내력벽'으로도 불림

점성 댐퍼 viscous damper 유체를 이용해 지진력을 감쇄시키는 장치로 동조 질량 댐퍼와 함께 사용

중복도 double-loaded corridor 양쪽에 방을 배치하고 그 중간을 가로지르게 놓은 복도

지붕 층 덮기 topping off 골조 공정표에서 건물 상부 골조가 완공되는 단계를 뜻하는 표현

지오데식 돔 geodesic dome 가급적 같은 길이의 직선 부재를 사용해 구면을 나눈 돔 형식

지하 연속벽 slurry wall 널말뚝 벽과 같은 기초 벽체, 땅을 참호 형태로 파고 슬러리(시멘트, 석회, 물로 구성된 혼합물)라는 안정액을 채운 뒤 철근을 배근, 다시 안정액을 배출하며 콘크리트를 타설하는 공법

초고층 supertall 높이가 300m 이상인 건물

철근콘크리트 reinforced concrete 철근이나 철망 등을 삽입하여 인장력을 보강한 콘크리트

침하 settling/settlement 구조체가 자중이나 토질 때문에 아래로 가라앉는 현상

캔틸레버 cantilever 발코니나 코니스처럼 벽체에 한 쪽만 고정된 채 튀어나온 보

커튼월 curtain wall 유리나 철재로 만드는 비내력벽, 구조체의 앞면에서 비를 막고 건물의 인상을 결정

케이슨 caisson 고층 건물의 기둥을 받치기 위해 철재 원형 관을 묻고 콘크리트를 타설한 구조체

코니스 cornice 외벽이 비에 젖지 않게 하기 위한 상층부의 돌출 부위, 현재 장식적인 기능만 담당

코어 core 건물 중심부에서 위로 뻗어 올라가는 구조체로 수직형 시설(계단, 엘리베이터, 설비관 등)과 구조체(철골 프레임이나 콘크리트 벽체)로 이뤄짐

큐폴라 cupola 건물 위의 작고 둥근 지붕

클라이밍 폼 climbming form 벽체 전용 거푸집으로 거푸집과 비계 틀을 일체로 제작한 것

테플론 teflone 다른 물질과 화학 반응을 하지 않아 안정성이 뛰어난 고분자 물질

톱다운 공법 top-down 흙막이 벽을 구조체로 시공한 후 지하 터파기와 지상 골조 작업을 동시에 진행

트러스 truss 구성 부재를 삼각형으로 짜서 강성을 확보한 구조체

파사드 façades 건물의 주출입구가 있는 앞면

포스트텐션 콘크리트 post-tensioned concrete 콘크리트 경화 후 삽입해둔 철근에 장력을 주는 방식

포털 브레이스 portal brace 보와 두 기둥으로 구성된 보강재, 상부 모서리에 버팀대를 설치해 강성을 높임

풍동 시험 wind tunnel 구조체의 모형을 제작해 풍하중에 대한 안정성을 확인하는 시험

프리스트레싱 prestressing 구조체에 응력을 가하고 변형시켜 하중과 휨에 더 효과적으로 대응하는 방식

프리캐스트 콘크리트 precast concrete 공장에서 미리 만든 기성 콘크리트 제품

프리패브 prefab 공장에서 미리 제작하고 현장에서 조립하거나 부착하게 되는 부재

플라잉 버트레스 flying buttress 건물의 외벽을 떠받치는 아치형 구조물, 공중부벽

필로티 pilotis 건물을 지탱해 1층을 개방하는 기둥

하늘 정원 sky garden 대체로 건물 상부에 벽을 둘러 조경 시설을 마련해 신선한 공기를 끌어들이는 곳

하부 구조체 substructure 고층 건물의 지하 구조체

하중 loads 건물에 수직, 수평 방향으로 작용하는 힘을 말하며 구조 엔지니어가 설계 시 참고할 요소

해트 트러스 hat truss 건물 상부에 설치하는 트러스로 구조체의 각 구성 요소를 하나로 연결함

허니콤 보 honeycomb beam H형강의 중앙부에 벌집 모양의 구멍을 낸 보

헌치 보 haunched beam 하부 끝단을 사선으로 보강한 콘크리트 보

찾아보기

190

감사의 글

출판사 로토비전RotoVision의 애비 샤먼Abbie Sharman, 에밀리 앵거스Emily Angus, 스티븐 헤인즈 Stephen Haynes 그리고 관계자들에게 감사드린다. 그들은 집필하는 동안 지속적인 도움을 주며 책을 완성할 수 있게 해주었다. 필립 베그스Philip Beggs 씨와 로버트 브란트Robert Brandt 씨에게 도 고마움을 표한다. 그들의 삽화 덕분에 이 책이 초고층 빌딩을 다루는 수많은 도서 가운데서 돋 보일 수 있었다. 시카고 국제초고층학회와 뉴욕 마천루박물관Skyscraper Museum에도 감사하게 생각한다. 두 단체는 초고층 빌딩 관련 연구와 전시 자료, 간행물을 제공해주었고, 그 정성으로 집필 과정이 한결 수월했다. 마지막으로 사랑하는 아내 캐런Karen과 딸 클레어Clare에게 고마운 마음 전하고 싶다. 두 사람은 언제나 그랬듯이 곁에서 격려와 응원을 아끼지 않았다.

도판 출처